CATALOGUE

DE LA COLLECTION

Rabelaisienne

ET BONS LIVRES

ANCIENS & MODERNES

De M. le Dr HENRI DE GUILLIN D'AVENAS

DONT LA VENTE AURA LIEU

Les Jeudi 5, *Vendredi* 6 *et Samedi* 7 *Avril* 1877,

RUE DES BONS-ENFANTS, 28

Salle n° 3

PAR LE MINISTÈRE DE Me JUST ROGUET, COMMISSAIRE-PRISEUR,
BOULEVARD SÉBASTOPOL, N° 9.

PORTRAIT DE RABELAIS
Gravé par Léonard Gaultier.

PARIS
ANTONIN CHOSSONNERY, LIBRAIRE
DES BIBLIOTHÈQUES DE L'ARSENAL ET DE LA VILLE DE PARIS
47, quai des Grands-Augustins, 47

1877.

CONDITIONS DE LA VENTE

Les livres vendus devront être collationnés sur place, dans les 24 heures de l'adjudication. Passé ce délai, ou une fois sortis de la salle de vente, ils ne seront repris pour aucune cause.

Les articles au-dessous de 12 francs ne seront admis à rapport que dans le cas où ils seraient incomplets.

Les adjudicataires payeront, en sus des enchères, 5 centimes par franc, applicables aux frais de la vente.

Il y aura exposition de 2 à 4 heures.

M. A. Chossonnery se chargera de remplir les commissions des personnes qui ne pourraient assister à la vente.

Exposition publique, chaque jour de vente, de 2 à 4 heures.

COLLECTION
Rabelaisienne

DE M. LE DOCTEUR

HENRI DE GUILLIN D'AVENAS

Paris. — Imprimerie Gauthier-Villars, 55, quai des Grands-Augustins.

CATALOGUE

DE LA COLLECTION

Rabelaisienne

ET BONS LIVRES

ANCIENS & MODERNES

De M. le Dr Henri DE GUILLIN D'AVENAS

DONT LA VENTE AURA LIEU

Les Jeudi 5, Vendredi 6 et Samedi 7 Avril 1877,

RUE DES BONS-ENFANTS, 28

Salle n° 3

Par le ministère de Me JUST ROGUET, commissaire-priseur,

Boulevard Sébastopol, n° 9.

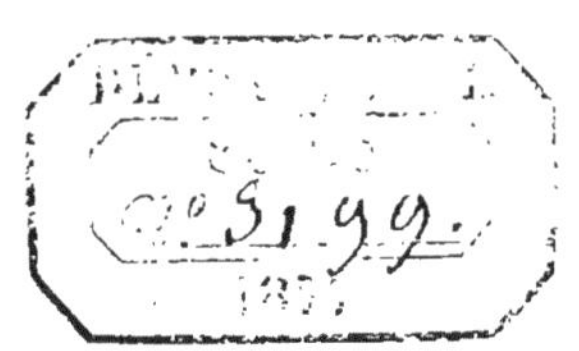

PORTRAIT DE RABELAIS

Gravé par Léonard Gaultier.

PARIS

ANTONIN CHOSSONNERY, LIBRAIRE

DES BIBLIOTHÈQUES DE L'ARSENAL ET DE LA VILLE DE PARIS

47, quai des Grands-Augustins, 47

1877

La Collection rabelaisienne, dont nous avons rédigé le Catalogue, en y insérant quelques notes bibliographiques, était bien connue des amateurs et des libraires, quoique le propriétaire n'ait jamais habité Paris et que ses fonctions de chirurgien militaire le tinssent éloigné d'un centre littéraire où il aurait pu se trouver en rapport journalier avec des lettrés et des bibliophiles qui consacraient, comme lui, leurs loisirs à l'étude passionnée des ouvrages de Rabelais. Depuis longtemps, M. de Guillin d'Avenas promettait à ses amis et à ses correspondants un commentaire nouveau, historique et philologique sur le *Gargantua* et le *Pantagruel;* les notes qu'il avait recueillies pour ce travail se sont égarées : les avait-il détruites avant de mourir? Nous n'avons eu sous les yeux que l'explication raisonnée des *Songes drolatiques de Pantagruel*, et cette explication, qui figure dans notre Catalogue sous le n° 55, nous a paru bien supérieure à celle qu'on trouve imprimée dans l'édition des Œuvres de Rabelais, avec les notes d'Esmangart et d'Eloi

Johanneau. On sait que ces deux savants sont tout à fait étrangers à la rédaction du texte qui accompagne les *Songes drolatiques* dans leur édition *variorum*.

Il est probable qu'un certain nombre de volumes rares et curieux que M. de Guillin d'Avenas avait fait entrer dans sa COLLECTION RABELAISIENNE, en sont sortis, avant ou après sa mort, par suite de circonstances que nous ne pouvons apprécier, car cette Collection présente des lacunes importantes, et nous avons vainement cherché plusieurs bons ouvrages que M. de Guillin d'Avenas avait pris soin de cataloguer lui-même. Ainsi, de trois exemplaires de l'édition populaire du Rabelais, de Bry, avec les premiers dessins de Gustave Doré, exemplaires représentant les trois tirages de cette édition, devenue rare et chère, il n'en est pas resté un seul. Nous regrettons également de n'avoir pas eu la petite édition microscopique, en cinq volumes in-32, publiée en 1825-26, avec des notes de M. L..... (Paul Lacroix), dans laquelle la notice préliminaire (c'est un détail que personne n'a encore constaté) n'est autre qu'un article anonyme de Jules Janin qui avait paru dans le *Figaro*, à cette époque. On signalera donc l'absence de diverses éditions anciennes et modernes, qui avaient ici leur place marquée et que M. de Guillin d'Avenas a certainement possédées.

Quant aux notes dont nous avons fait suivre quelques articles, nous les avons empruntées souvent à des annotations du propriétaire de la COLLECTION RABELAISIENNE. Nous demandons l'indulgence du lecteur pour celles que nous nous sommes permis d'ajouter, en nous inspirant de l'intérêt tout spécial que devait offrir une pareille Collection.

A. CHOSSONNERY.

CATALOGUE

D'UNE

COLLECTION RABELAISIENNE

ET OUVRAGES DIVERS

COLLECTION RABELAISIENNE

—

Éditions de Rabelais.

1. La plaisante et joyeuse Histoire du grant géant Gargantua, prochainement reveue et de beaucoup augmentée par l'auteur mesme. *A Valence, chez Claude Laville,* 1547. — 1re partie : la Vie inestimable du grant Gargantua, père de Pantagruel, composée par M. Franç. Rabelais, docteur en médecine, calloier des isles Hières. Livre plein de pantagruélisme; 56 chap., 245 p. — 2e partie : Second livre de Pantagruel, roy des Dipsodes, restitué à son naturel, avec ses faicts et prouesses espouventables, composez par M. Franç. Rabelais, docteur en médecine et calloyer des isles Hières; plus les Navigations du disciple de Pantagruel, dict Panurge. *A Valence, chez Claude Laville,* 1547 (Pronostication et le chap. Navigations); 320 p., 32 chap. — 3e partie : Tiers livre des Faictz et Dictz héroïques du noble Pantagruel, composez par M. Franç. Rabelais, docteur en médecine et calloier des isles Hières. L'auteur susdict supplie les lecteurs... Nouvellement imprimé, reveu

et corrigé et de nouveau istorié. *A Valence, par Claude Laville*, 1547; 280 p., 47 chap. — 4e partie : Le quart livre des Faictz et Dictz héroïques du noble Pantagruel, composé par M. Franç. Rabelais, docteur en médecine et cailloier des isles Hières. L'an mil cinq cens quarante et huict; 281 à 349 p., 11 chap. In-16, fig. sur bois, mar. bl., tr. dor. (*Duru.*)

Bel exemplaire d'une édition très-rare.

Contrefaçon de l'édition de Valence augmentée du prologue et des 11 premiers chapitres du livre IV. La date de 1548, qui se trouve à la fin, sur le titre du *quart livre*, devait empêcher l'auteur du *Manuel du libraire* de tomber dans une grave erreur, lorsqu'il suppose que cette édition a pu être imprimée vers la fin du XVIe siècle et même au commencement du siècle suivant. Il est certain que cette édition, imprimée et publiée en 1548, a donné au public le premier fragment du quatrième livre, qui ne parut qu'en 1552. Elle est donc, à ce titre, très-précieuse. On ne peut douter qu'elle n'ait été faite avec l'approbation de l'auteur, qui a conservé les Navigations de Panurge, intercalées dans l'édition originale de Valence, ce qui prouve que les Navigations sont bien de Rabelais.

2. Les Œuvres de M. François Rabelais, docteur en médecine, contenans la Vie, Faits et Ditz héroïques de Guargantua (*sic*) et de son filz Panurge. Avec la Pronostication pantagrueline. *A Troyes, par Loys qui ne se meur* (sic) *point*, 1556, deux part. en 1 vol. in-16, lettres rondes, mar. r., fil., tr. d. (*Ancienne reliure.*)

Bon exemplaire de cette jolie et très-rare édition ; cassure aux feuillets 355-357 de la 1re partie (second livre), et coin déchiré à la page 487 du quatrième livre, sans entamer le texte.

On sait que dans cette précieuse édition le texte du second livre, qui a un titre spécial avec la date de 1546, doit avoir été imprimé sur une édition portant cette date et qui n'est pas connue.

3. Les Œuvres de Me François Rabelais, docteur en medecine, contenant cinq livres de la Vie, Faicts et Ditz heroïques de Gargantua et de son fils Pantagruel. Plus la Prognostication pantagrueline, avec l'oracle de la Dive Bacbuc et le mot de la Bouteille : augmenté des Navigations et Isle Sonante, l'Isle des Apedefres (*sic*), la Cresme philosophale, avec une Epistre limosine et deux autres Epistres à deux Vieilles de differentes mœurs. Le tout par Me François Rabelais. *A Lyon, par Jean Martin*, 1558, in-12 allongé, v. f. (*Fortes piqûres de vers.*)

Cette édition, qui porte une date fausse et qui semble avoir été imprimée à Paris plutôt qu'à Lyon, doit avoir été faite sur l'édition de *Lyon, Pierre Estiart*, 1596. Ainsi la figure de la dive Bouteille a été gravée d'après celle de cette édition. On a seulement rajeuni l'orthographe et quelquefois le style. L'impression en est très-correcte. La description de Brunet n'est pas exacte : l'édition se compose de trois parties, la première de 347 pages et 3 feuillets, la seconde de 469 pages et 4 feuillets, la troisième de 166 pages et 16 feuillets non chiffrés.

4. Les Œuvres de M. François Rabelais, docteur en médecine, contenant la Vie, Faits et Dits héroïques de Gargantua et de son filz Pantagruel, avec la Prognostication pantagruéline. *A Lyon*, MDLXIIII, in-16, bas. viol. (*Mouillures.*)

On ne sait pas quel est l'imprimeur de cette édition, que Brunet n'a pas décrite, quoi qu'il en fasse l'éloge. Elle se compose de deux parties : l'une de 418 pages et 5 feuillets de table, plus 2 feuillets blancs ; l'autre de 533 pages et 4 feuillets. On a joint à cet exemplaire un 5e livre, qui paraît imprimé avec les mêmes caractères, mais dont le titre manque; cette édition du 5e livre se compose de 97 feuillets et 2 feuillets non chiffrés.

5. Les Œuvres de M. François Rabelais, docteur en médecine, contenant cinq livres de la Vie, Faits et Dits héroyques de Gargantua et de son fils Pantagruel... *A Lyon, par Jean Martin*, 1596 (le 5e livre a un titre à part sous la même date), in-12, bas. (*Mouillures.*)

Le texte de cette édition est conforme à celui de l'édition de Jean Martin, qui porte la date de 1558. On n'y trouve pas d'autre changement que quelques formes d'orthographe plus anciennes et beaucoup de noms propres estropiés.

6. Les Œuvres de M. François Rabelais, docteur en médecine, contenant la Vie, Faictz et Dictz héroïques de Gargantua et de son filz Pantagruel, avec la Prognostication pantagruéline. MDXCVI, *sans lieu d'impression ni nom de libraire*, in-16, mar. r. janséniste, tr. dor. (*Duru et Chambolle.*)

A la fin du 4e livre se trouve la *Briefve Declaration d'aucunes dictions plus obscures*, puis un titre pour le 5e livre : Le cinquième et dernier livre des Faits et Dits héroïques du bon Pantagruel, auquel est contenu ce qui s'ensuit : les Navigations et isle Sonnante, l'isle des Apedeftes, de nouveau adiousté, la Cresme philosophale, une Epistre limosine. Avec la visitation de l'oracle de la dive Bacbuc et le mot de la Bouteille pour lequel a esté entrepris tout ce long voyage. *A Lyon, par Pierre Estiart*, mil CI XCVII, deux parties en 1 vol. in-16 de 800 pages et 16 feuillets dont le dernier est blanc, et, pour le 5e livre, de 193 pages et 2 feuillets non chiffrés.

Très-bel exemplaire d'une édition rare et précieuse, qui contient la *Briefve Déclaration*, qu'on trouvait seulement dans quelques exemplaires de la 1re édition du quart livre, publié en 1552, par Michel Fezandat. Cette *Briefve Déclaration* est incontestablement de Rabelais. Nous croyons que cette édition, datée de 1596, est d'une date antérieure.

7. Les Œuvres de M. François Rabelais, docteur en médecine, contenant cinq livres... *A Anvers, par Jean Fuet*, 1605, in-12, vél.

Cette édition, qui fut peut-être imprimée en France comme les précédentes, contient absolument le même nombre de pages que l'édition de Lyon, Jean Martin, datée de 1558, et celle qui porte la date de 1596, également attribuée à ce pseudo Jean Martin, le prête-nom ordinaire de la plupart des éditions rabelaisiennes du XVIe siècle.

8. Les Œuvres de maistre François Rabelais, docteur en médecine, contenant cinq livres de la Vie, Faictz et Dits héroïques de Gargantua et de son fils Pantagruel. Imprimé suivant la première édition censurée en l'année 1552. *Sans lieu d'impression ni nom de libraire*, MDCXXVI, in-8, gros caract., portr. sur bois au 3e livre, chaque livre ayant un titre à part, v. br. (*Mouillures et raccommodages.*)

Cette édition, faite sur une des éditions portant le nom de Jean Martin, avec quelques différences d'orthographe, ne contient pas le chapitre des Apedeftes, ni l'image gravée de la Bouteille. Les pièces complémentaires annoncées sur le titre ne s'y trouvent pas non plus. Les têtes de page et les lettres grises font supposer que l'édition est de Paris. Elle a 1104 pages, dont la dernière est cotée 4011, et 12 feuillets non chiffrés.

9. Les Œuvres de M. François Rabelais, docteur en médecine, dont le contenu se voit à la page suivante, augmentées de la Vie de l'auteur et de quelques remarques sur sa vie et sur l'histoire, avec l'explication de tous les mots difficiles. (*A la Sphère*), 1663, 2 vol. pet. in-12, v. f. (*Du Seuil.*)

Superbe exemplaire de la première édition elzévirienne. H. 132 mill., L. 72 mill.

L'imprimeur au lecteur annonce dans sa Préface qu'il donne ce livre tel qu'on le trouve dans les plus vieilles et les meilleures impressions. « J'y ai adjousté, dit-il, la Vie de l'auteur et quelques remarques des traits les plus jolis et les plus plaisans de ce galand homme. »

10. Les Œuvres de M. François Rabelais, docteur en médecine, dont le contenu se voit à la page suivante, augmentées de la Vie de l'auteur et de quelques remarques sur sa vie et sur l'histoire, avec l'explication de tous les mots difficiles. (*A la Sphère*), MDCLXVI, 2 vol. pet. in-12, veau éc., tr. dor.

On a ajouté le joli portrait dessiné par Sarabat et gravé par N. de Launay.

11. Les Œuvres de M. François Rabelais, docteur en médecine, dont le contenu se voit à la page suivante, augmentées de la Vie de l'auteur et de quelques remarques sur sa vie et sur l'histoire, avec la clef et l'explication de tous les mots difficiles. (*A la Sphère*), MDCLIX. Le faux titre du 1er vol. et le titre du second portent la date de 1669. 2 vol. in-12, v. br.

Cette édition, très-fautive, est celle que Huet, évêque d'Avranches, a couverte de notes manuscrites sur son exemplaire conservé à la Bibliothèque nationale.

12. Les Œuvres de M. François Rabelais, docteur en médecine, dont le contenu se voit à la page suivante, augmen-

tées de la Vie de l'auteur et de quelques remarques sur sa vie et sur l'histoire, avec l'explication de tous les mots difficiles et la clef nouvellement augmentée. (*A la Sphère*), MDCLXXV, 2 tomes en 1 vol. pet. in-12, parch.

Exemplaire à grandes marges.

Cette édition, qui paraît être de Bruxelles et qui offre les fleurons de Foppens, se compose de 14 feuillets préliminaires, 946 pages et 4 feuillets de table. Plus, 6 feuillets non chiffrés et 1 titre pour le second volume, entre les pages 488 et 489. C'est une reproduction textuelle de l'édition de 1663.

13. Les Œuvres de M. François Rabelais, docteur en médecine, dont le contenu se voit à la page suivante, augmentées de la Vie de l'auteur et de quelques remarques sur sa vie et sur l'histoire, avec l'explication de tous les mots difficiles et la clef nouvellement augmentée. MDCLXXXXI (*à la Sphère*), 2 vol. pet. in-12, bas.

Cette édition de Bruxelles reproduit page pour page celle de 1675; mais le caractère est plus fatigué et le papier moins blanc.

14. Œuvres de maître François Rabelais, publiées sous le titre de Faits et Dits du géant Gargantua et de son fils Pantagruel, avec la Prognostication pantagruéline, l'Epître du Limosin, la Crême philosophale et deux Epîtres à deux Vieilles de mœurs et d'humeurs différentes. Nouv. édit., où l'on a ajouté des remarques historiques et critiques (par Leduchat) sur tout l'ouvrage, le vrai portrait de Rabelais, la carte du Chinonois, le dessein de la Cave peinte, et les différentes vues de la Devinière métairie de l'auteur. *Amsterdam, Henri Bordesius*, 1711, 6 vol. pet. in-8, v. f.

Cette édition originale de 1711, qui est fort rare, a été imprimée sur papier fin. Le frontispice est signé *W. de Breen sculp.* Les armes de Raby Wentworth, à qui l'édition est dédiée, sont gravées sur cuivre.

15. Œuvres de maître François Rabelais, etc. Contrefaçon trompeuse de l'édition précédente, sous la même date. 6 tomes en 5 vol. pet. in-8, v. br.

On ne peut reconnaître cette contrefaçon qu'en la comparant avec l'édition originale. La justification est plus longue de page, parce que les caractères du texte et des notes sont plus gros. Le frontispice est anonyme, et les armes de Raby Wentworth, en tête de la dédicace, sont gravées sur bois.

16. Œuvres de maître François Rabelais, publiées sous le titre de Faits et Dits du géant Gargantua et de son fils Pantagruel, avec la Prognostication pantagrueline, l'Epître du Limosin, la Crême philosophale, deux Epîtres à deux Vieilles de mœurs et d'humeurs différentes, et des remarques historiques et critiques de M. Le Duchat

sur tout l'ouvrage. Nouvelle édition, augmentée de quelques remarques nouvelles (par Gueulette et Jamet aîné). *Sans nom de lieu ni de libraire* (*Paris, impr. de Prault*), 1732, 6 vol. pet. in-8, fig., v. mar.

Bel exemplaire.

Cette édition, qui est fort belle, a été imprimée à Paris, avec une permission tacite. Les figures ont dû être gravées de nouveau par J.-B. Scotin. On y a ajouté un très-beau portrait de Rabelais, non signé. Les nouvelles remarques des nouveaux éditeurs sont peu nombreuses et surtout peu importantes.

17. Œuvres de maître François Rabelais, avec des remarques historiques et critiques de M. Le Duchat. Nouvelle édition, ornée de figures de B. Picart, etc. Augmentée de quantité de nouvelles remarques de M. Le Duchat et de celles de l'édition anglaise des Œuvres de Rabelais, de ses lettres et de plusieurs pièces curieuses et intéressantes. *Amsterdam, Jean-Frédéric Bernard*, 1741, 3 vol. in-4, fig. de Bernard Picart, v. m.

Bon exemplaire de cette édition rare et recherchée.

L'éditeur est le libraire J.-Fréd. Bernard, qui était un lettré et qui avait reçu de diverses mains les nouvelles notes et surtout les documents nouveaux qu'il ajouta au commentaire de l'abbé Le Motteux, traduit de l'anglais par César de Missy. Cette belle édition est malheureusement défigurée par de nombreuses fautes d'impression.

18. Le Rabelais moderne, ou les Œuvres de maître François Rabelais, docteur en médecine, mises à la portée de la plupart des lecteurs, avec des éclaircissements historiques pour l'intelligence des allégories contenues dans le Gargantua et dans le Pantagruel (par l'abbé de Marsy). *Amsterdam, Jean-Frédéric Bernard*, 1752, 6 tom. en 8 vol. in-12, bas.

C'est bien à tort qu'on dédaigne cette excellente édition, dans laquelle l'abbé de Marsy a mis en note tout ce qu'il supprimait ou changeait dans l'ancien texte. Il a recueilli, dans les tomes 2, 4 et 6, les pièces et les documents que renferme l'édition in-4 de 1741. On trouve en tête du premier volume la Vie de Rabelais, par le P. Niceron.

19. Œuvres choisies de M. François Rabelais, docteur en médecine de la Faculté de Montpellier, chanoine de Saint-Maur des Fossés et curé de Meudon (par l'abbé Pérau). *Genève, Barillot*, 1752, 3 vol. in-12, dos et coins mar. vert, tr. sup. dor., non rog. (*Petit.*)

La notice sur Rabelais est une des plus complètes et des plus importantes qui aient été écrites. On y trouve de précieux documents publiés pour la première fois, d'après les archives de l'archevêché de Paris.

20. Les Œuvres de François Rabelais, docteur en médecine.

A Genève (*Paris*, *Cazin*), 1782, 4 vol., in-32, portrait gravé par N. de Launay, v. f., tr. dor.

21. Œuvres de François Rabelais. *Londres et Paris, chez Jean-François Bastien*, 1783, 2 vol. in-8, portr., d.-bas.

Cette édition, dédiée par l'éditeur *aux mânes de François Rabelais*, a été revue par le libraire Bastien, qui prétend l'avoir « absolument purgée de toutes les fautes » qui s'étaient glissées dans l'édition in-4 de 1741.

22. Œuvres de maître François Rabelais, anciennement publiées sous le titre de Faits et Dicts du grand Gargantua et de Pantagruel, avec des remarques critiques, historiques et grammaticales sur le Gargantua et un vocabulaire pour les deux volumes du Pantagruel. Edition nouvelle. *A La Haye, et se trouve à Paris, hôtel de Bouthillier*, 1789, 3 vol. pet. in-12, fig., veau marbr.

Cette édition est tellement rare, que Quérard, Brunet et les meilleurs bibliographes ne l'ont pas citée. Elle mérite pourtant d'être signalée et appréciée, à cause des charmantes figures et des vignettes qui en font l'ornement. Ces figures sont des copies spirituelles de celles de Bernard Picard dans l'édition in-4 de 1741. Nous ne savons même pas quel est l'*homme de lettres célèbre et fort connu* qui avait commencé cette petite édition en 1749 et qui l'abandonna, après en avoir fait imprimer le texte d'après l'édition de 1741. Le travail des notes ne fut entrepris que vingt ans plus tard, par un des écrivains à la solde de la librairie Panckoucke. Cet annotateur anonyme ne rédigea ses notes historiques, critiques, grammaticales et géographiques, que pour le premier livre de Rabelais. Les notes des autres livres avaient été faites par un ex-capucin, qui n'est pas nommé dans la préface. Ces notes sont très-singulières et souvent divertissantes.

23. Œuvres de maître François Rabelais, suivies des remarques publiées en anglois par M. Le Motteux et traduites en françois par C. de M. (César de Missy). Nouv. édit., ornée de 76 grav. *Paris*, *Bastien*, an VI (1798), 3 vol. in-4, fig., portrait avant la lettre ajouté, d.-veau, non rogné.

Exemplaire sur papier d'Angoulême. Tiré à 50 exemplaires sur ce papier.

Cette édition a été imprimée sur 8 papiers différents ; elle n'en est pas moins rare. L'éditeur paraît avoir été le nommé Gay, qui a signé l'Avis préliminaire.

Les gravures singulières dont l'édition est ornée avaient été faites au XVIIe siècle, en Hollande, pour une édition qui ne fut jamais publiée.

24. Œuvres de Rabelais. *Paris*, *Th. Desoer*, 1820, 3 vol. in-18, fig. sur bois, demi-mar. viol., non rog. (*Thouvenin.*)

Première édition, publiée par le savant de L'Aulnaye, qui eut le tort de rendre souvent inintelligible le texte de Rabelais, en poussant jusqu'à l'exagération son système d'orthographe étymologique.

25. Œuvres de Rabelais, édition *variorum*, augmentées de pièces inédites, des Songes drolatiques de Pantagruel, avec

l'explication en regard, des remarques de Le Duchat, de Bernier, de Le Motteux, de l'abbé de Marsy, de Voltaire, de Ginguené, etc., et d'un nouveau commentaire historique et philologique, par Esmangart et Eloi Johanneau. *Paris, Dalibon*, 1823, 8 vol. in-8, dem.-chagr. r. (*Manque les figures.*)

Le neuvième volume, contenant les Songes drolatiques, en grand papier, forme un ouvrage à part, avec un texte manuscrit. Voyez plus loin, nº 55.

26. Œuvres de F. Rabelais. *Paris, Louis Janet*, 1823, 3 vol. in-8, dem.-veau bleu.

Seconde édition très-augmentée, publiée par de L'Aulnaye.

27. Œuvres de Rabelais. Nouvelle édition, augmentée d'un glossaire et de remarques historiques et philologiques de tous les commentateurs. *Paris, Laudon*, et *Bruxelles, Langlet*, 1836, 7 vol. in-18, fig., br.

L'éditeur, qui signe de son initiale T. et qui paraît se nommer Tencé, a pris dans les éditions de Le Duchat, d'Esmangart et de L'Aulnaye les éléments de son commentaire, auquel il a ajouté une nouvelle Vie de Rabelais.

28. Œuvres de F. Rabelais. *Paris, Ledentu*, 1837, gr. in-8 à 2 col., portrait, dem.-veau.

Réimpression textuelle de l'édition du savant rabelaisien de L'Aulnaye.

29. Œuvres de F. Rabelais, précédées d'une notice sur sa vie et ses ouvrages, avec glossaire, tables, erotica verba, Rabelæsiana, etc. (*sic*). *Paris, Aug. Desrez*, 1838, gr. in-8 à 2 col., dem.-chag., plats toile.

Même édition que la précédente, tirée sur les clichés pour le *Panthéon littéraire*. Il n'y a de changé que le titre.

30. Œuvres de F. Rabelais. Nouvelle édition, augmentée de plusieurs extraits des Chroniques admirables du puissant roi Gargantua, ainsi que de variantes et de deux chapitres inédits du 5ᵉ livre, et accompagnée de notes et d'une notice historique contenant les documents originaux relatifs à la vie de Rabelais, par L. Jacob, bibliophile. *Paris, Charpentier*, 1853, gr. in-18, dem.-rel.

La première édition est celle de 1840.

31. Le même ouvrage, tirage de 1857, gr. in-18, dem.-rel. chagr. rou.

32. Le même ouvrage, tirage de 1868, gr. in-18, dem.-bas.

On a tiré de cette édition 40 à 50,000 exemplaires sur les clichés dans différentes imprimeries de Paris et de la province.

33. Œuvres de Rabelais, collationnées pour la première fois sur les éditions originales, accompagnées de notes nouvelles et ramenées à une orthographe qui facilite la lecture, bien que choisie exclusivement dans les anciens textes, par MM. Burgaud des Marets et Rathery. *Paris, Firmin Didot*, 1857, 2 vol. gr. in-18, dem.-chagr. r., plats toile.

34. Œuvres de Rabelais, seule édition conforme aux derniers textes revus par l'auteur, avec les variantes de toutes les éditions originales, des notes et un glossaire. *Paris, P. Jannet*, 1858-72, 2 vol. gr. in-18, perc. rou., non rog.

35. Un exemplaire du tome 1er, sur papier fort, percal. rou., non rogn.

36. Œuvres de François Rabelais, édition conforme aux derniers textes revus par l'auteur, avec les variantes de toutes les éditions originales, une notice, des notes et un glossaire. *Paris, E. Picard*, 1867-74 (éditeur, P. Jannet), 7 vol. pet. in-8, percal. bleue.

Excellente édition, où se trouve le glossaire index, par M. Louis Moland.

37. Un second exemplaire des tomes 1 à 5 de la même édition. 5 vol. pet. in-8, percal. bl.

38. Œuvres de Rabelais, augmentées de plusieurs fragments et de deux chapitres du 5e livre, et précédées d'une notice historique. Nouvelle édition, revue sur les meilleurs textes, éclaircie quant à l'orthographe et à la ponctuation, accompagnée de notes succinctes et d'un glossaire, par Louis Barré. *Paris, Garnier*, 1860, gr. in-18, dem.-chagr. rou., n. rog.

39. Les Œuvres de maistre François Rabelais, accompagnées d'une notice sur sa vie et ses ouvrages, d'une étude bibliographique, de variantes, d'un commentaire, d'une table des noms propres et d'un glossaire, par Ch. Marty-Laveaux. *Paris, Lemerre*, 1868-69, pet. in-8, pap. verg de Holl. (*Tome 1er seul en 2 parties, br.*)

40. Les quatre livres de maistre François Rabelais, suivis du manuscrit du cinquième livre, publiés par les soins de A. de Montaiglon et Louis Lacour. *Paris, Académie des bibliophiles* (impression par D. Jouaust), 1868-72, 3 vol. in-8, broch., dans des cartons.

N° 250 des exemplaires tirés sur papier vergé. Les savants éditeurs n'ont pas fait autre chose que d'éclaircir l'ouvrage de Rabelais, par la ponctuation, en adoptant le texte des meilleures éditions revues par l'auteur. Ils ont d'ailleurs recueilli les variantes de toutes les éditions anciennes.

Lettres de Rabelais. — Editions publiées par lui.

41. Les Epistres de maistre François Rabelais, docteur en médecine, escrites pendant son voyage d'Italie, nouvellement mises en lumière, avec des observations historiques et l'abrégé de la vie de l'autheur. *Paris, Ch. de Sercy*, MDCLI, in-8, v. granit, fil.

Exemplaire de Colbert, en grand papier. On n'y trouve pas le portrait, qui n'existe que dans peu d'exemplaires. Nous croyons même qu'il n'appartient pas à cette édition.

42. Les mêmes Epistres, même édition, in-8, vél.

A la fin des feuillets liminaires, les armes de Geoffroy d'Estissac, évêque de Maillezais, gravées sur bois.

43. Les Lettres de François Rabelais, escrites pendant son voyage d'Italie, nouvellement mises en lumière, avec des observations historiques, par M. de Sainte-Marthe, et un abrégé de la vie de l'auteur. Edit. nouv., augmentée de plusieurs remarques. *Brusselle, Foppens,* 1710, in-8, portr., v. granit.

Il est probable que Le Duchat fut l'éditeur de cette réimpression corrigée et augmentée des Epistres de Rabelais. « Si quelques curieux avoient encore des lettres du même auteur, dit l'imprimeur dans son Avertissement, et en vouloient faire part au public, on offre d'en faire un second volume et de leur donner des marques de la reconnoissance qu'un présent de cette nature pourroit mériter. »

44. Hippocratis ac Galeni libri aliquot, ex recognitione Francisci Rabelæsi medici omnibus numeris absolutissimi. *Lugd., apud Gryphium*, 1532. Avec le texte grec des Aphorismes, à la même date. 2 parties en 1 vol. in-16, cart.

Première édition, fort rare. Le très-ancien manuscrit sur lequel Rabelais a corrigé le texte des Aphorismes faisait partie de sa bibliothèque.

45. Hippocratis ac Galeni libri aliquot, ex recognitione Francisci Rabelæsi medici omnibus numeris absolutissimi : quorum eleuchum sequens pagella indicabit. *Apud*

Gryphium, *Lugd.*, 1532, in-16 de 428 pages, lettres rondes, plus une page blanche et la marque de Gryphe, vélin.

Joli exemplaire de cette édition rare, qui ne contient pas et ne doit pas contenir le texte grec. Les rabelaisiens n'ont pas recueilli les deux vers latins que Rabelais a mis sur le titre de son édition dédiée à Geoffroi d'Estissac, évêque de Maillezais. On n'a pas signalé non plus l'épitaphe d'Hippocrate, en grec, au verso du titre, épitaphe dont Rabelais doit être l'auteur, puisqu'il l'a fait suivre de sa devise : αγαθη τυχη.

46. Aphorismorum Hippocratis sectiones septem ex Franc. Rabelæsi recognitione. Quibus ex Ant. Musæ commentariis adjecimus et octavam et quædam alia quæ sequens pagina indicabit. *Apud Seb. Gryphium*, *Lugduni*, 1545, in-16, 318 pages, vél.

A la suite est le texte grec des Aphorismes, avec titre particulier, sous la date de 1543.

Bel exemplaire. Dans cette édition rare et non citée, Rabelais a fait des corrections et des suppressions. Il y a aussi ajouté la traduction de plusieurs traités d'Hippocrate qui ne sont pas dans l'édition de 1532.

Ouvrages divers attribués à Rabelais.

47. Les grandes et inestimables Cronicques du grant et énorme géant Gargantua, contenant sa généalogie, la grandeur et force de son corps; aussi les merveilleux faits d'armes qu'il fist pour le roy Artus, comme verrez ci-après. Imprimé nouvellement. Réimpression de 1845, par Crapelet, pour Silvestre, in-16 goth., 117 feuillets non chiffr., br.

48. Les grandes et inestimables Croniques du grant et énorme géant Gargantua, contenant la généalogie, la grandeur et force de son corps; aussi les merveilleux faictz d'armes qu'il fist pour le roy Artus, comme verrez ci-après. (*A la Sphère*), *Paris*, *Panckouke*, 1853, in-12, VI et 46 pag., dem.-v. f., tr. supér. dor., n. rog.

Tiré à petit nombre et complétement épuisé.

49. La Chronique de Gargantua, premier texte du roman de Rabelais, précédée d'une notice par M. Paul Lacroix. *Paris*, *Jouaust*, 1868, pap. vergé, br. parch.

Tiré à 280 exemplaires.

50. La seconde Chronique de Gargantua et de Pantagruel,

précédée d'une notice par Paul Lacroix (bibliophile Jacob). *Paris, Librairie des bibliophiles*, 1872, in-16, broch.

Exemplaire sur pap. vergé (tirage à 300). Nº 178.

51. La Bataille fantastique des rois Rodilardus et Croacus, traduction du latin d'Elisius Calentius, attribuée à Rabelais, avec une notice bibliographbique par M. P. L. (Paul Lacroix). *Genève, J. Gay et fils*, 1867, pet. in-12, pap. de Hollande, br. (*Tiré à 100 ex.; nº* 91.)

52. La Louenge des femmes, invention extraite du Commentaire de Pantagruel sur l'Androgyne de Platon, 1551. Pet. in-8, dem.-mar. bleu, tr. sup. dor. Réimpression faite à Bruxelles par Gay, tirée à 100 ex., pap. de Holl., nº 90.

53. La Navigation du Compagnon à la bouteille, suivie de Maistre Hambrelin; réimpression textuelle faite sur l'édit. de Paris, 1576, augmentée d'une introduction et de notes par Philomneste junior. *Genève* (Gust. Brunet), *J. Gay et fils*, 1867, pet. in-8, pap. de Hollande, br. (*Tiré à* 100 *ex.; nº* 64.)

54. Songes drolatiques de Pantagruel, de l'invention de maistre François Rabelais, dernier œuvre d'icelui pour la récréation des bons esprits. *Paris, Sallior*, 1797, in-4, cartonné, non rog.

Ce volume rare contient, outre la préface du nouvel éditeur, l'avertissement de l'édition de 1565, avec un portrait de Rabelais et 60 planches gravées à l'eau-forte par C.-N. Malapeau. Il n'a été publié que cette première livraison. On doit le regretter d'autant plus que l'éditeur annonçait que le manuscrit original se trouvait entre ses mains.

55. Les Songes drolatiques de Pantagruel, ouvrage posthume de Rabelais, avec l'explication en regard. *Paris, Dalibon*, 1823, gr. in-8, dem.-chagr. r.

M. le docteur H. de Guillin d'Avenas n'a conservé de l'édition publiée par Esmangart et Eloi Johanneau que la préface imprimée de l'édition de 1565 et les gravures sur bois qui reproduisent en fac-simile celles de cette édition originale. Les explications que les deux derniers éditeurs avaient mises en regard de ces gravures sur bois ne l'ayant pas satisfait, il les a supprimées pour les remplacer par un nouveau commentaire manuscrit, qui accuse une étude très-approfondie de l'œuvre de Rabelais et qui nous paraît digne d'être publié. Ce commentaire offre une interprétation très-ingénieuse des étranges figures des *Songes drolatiques*. Plusieurs de ces figures pourraient bien être des portraits de certains personnages que Rabelais avait connus.

56. Les Songes drolatiques de Pantagruel, reproduction fac-simile du texte et des 120 planches de l'édition originale, augmentée d'un portrait authentique de Rabelais et d'une notice bibliographique par M. Paul Lacroix. *Genève, J. Gay et fils*, 1868, in-8, pap. verg. de Holl., broch. (*Tiré à petit nombre.*)

57. Les Songes drolatiques de Pantagruel, où sont contenues plusieurs figures de l'invention de maistre François Rabelais, avec une introduction et des remarques par E. Tross. *Paris, Tross (imprim. de Louis Perrin, de Lyon)*, 1869, pet. in-8, pap. Wathmann, br. (*Tiré à petit nombre.*)

58. Les Songes drolatiques de Pantagruel, copiés en facsimile par Jules Morel, sur l'édition de 1565, avec texte et des notes de Gabriel Richard, et un portrait de Panurge. *Paris*, 1869, in-8, br., couv. imprimée sur parchemin.

59. Le quatriesme livre de la Thérapeutique, ou Méthode curative de Claude Galien, prince des médecins, auquel est singulièrement traictée la cure des ulcères, translaté par Philiatros, M.D.XXXVII. *On le vend à Lyon, chez Françoys Iuste, devant Nostre-Dame de Confort*, 3 part. en 1 vol. in-16 goth., mar. br., tr. dor. (*Duru.*)

Exemplaire de Yéméniz. Voy. la description de ce livre rarissime dans le Catalogue de sa bibliothèque, n° 786. Brunet a dit, dans le *Manuel*, d'après un Catalogue de Techener, que la seconde et la troisième partie du volume appartenaient à une édition différente des livres V et VI de la *Thérapeutique* de Galien, publiée à Lyon, chez Pierre de Saincte Lucie, dict le Prince, sans date. Ces deux parties de la *Thérapeutique* sont, en effet, imprimées en plus gros caractères que le *quatriesme livre*. Dans tous les cas, les trois parties ont été réunies sous un seul titre, après avoir été imprimées séparement, et Rabelais est incontestablement l'auteur de cette traduction. C'est lui-même qui s'est désigné sous le nom de *Philiatros*, pour faire entendre qu'il exerçait la médecine par amour de l'art, sans attente de gain. Il se plaint, dans son Epître au lecteur, que la diététique, la pharmaceutique et la chirurgie, qui forment les trois parties de la médecine, soient divisées entre les médecins, les apothicaires et les chirurgiens, et cela « à cause de la practique curative, à laquelle la plus grande part des médecins estudient plus que à la theorique. » On a bien signalé, à la fin de la VIe partie de la *Thérapeutique* de Galien, la figure gravée sur bois du *Glottocomon figuré par l'invention de M. Françoys Rabelais, docteur en medicine*, appareil fort ingénieux pour allonger un membre cassé ou déboîté; mais on n'a pas remarqué que le style de Rabelais se caractérisait à chaque phrase de cette traduction de Galien. Il n'y a que Rabelais qui ait pu écrire la préface qui commence ainsi : « Amy lecteur, Quintilian, en son premier liure de l'Institution oratoire, recite comment philosophie et eloquence sont conioinctes par nature et unies ensemble par office et onction : neantmoins lestude de philosophie et eloquence a este separé lung de lautre tellement que la negligence des hommes a faict quilz semblent estre plusieurs ars et sciences diuerses. » A la fin de cette préface, Philiatros exprime le regret de voir que les médecins aient laissé aux barbiers et chirurgiens la cure des ulcères, en dédaignant d'exercer la *manuelle opération* comme indigne d'eux. Il regrette aussi que ces barbiers et chirurgiens ne soient pas capables de lire en grec et en latin des livres qui leur seraient si utiles et que la langue française ne peut rendre qu'imparfaitement. Philiatros n'est donc autre que Rabelais, et nous avons là une de ses *œuvres françaises* les plus intéressantes; mais il en est d'autres à découvrir, ainsi que ses *œuvres lostanes*.

Editions lyonnaises auxquelles Rabelais peut avoir pris part.

60. Macrobii Aurelii Theodorii viri consularis in somnium Scipionis libri II. Saturnaliorum libri VII. *Seb. Gryphius germ. excudebat. Lugduni*, 1532, pet. in-8, fig. sur bois et jolies lettres ornées, demi-bas. (*Titre fatigué.*)

Rabelais était correcteur d'épreuves chez Sébastien Gryphius, en 1532.

61. Auli Gellii noctium Atticarum opus. *Lugduni, apud hæredes Simonis Vincentii*, 1539, in-8, v. f., fil. compartim., ornem. dor. sur les plats.(*Reliure du* XVIe *siècle.*)

62. Plinii secundi Historiæ mundi libri XXXVII. *Parisiis, apud Andream Berthelin*, 1543. A la fin : Caii Plinii naturalis Historiæ finis. *Parisiis, excudebat Michael Fezandat*, MDXLII, in-fol., mar. rou. anc., fil., tr. dor. (*Incomplet d'un feuillet de la préface*)

On a tout lieu de croire que Rabelais, qui était à Paris en 1542, a donné ses soins à cette édition pour Michel Fezandat, qui publia plus tard une édition du livre III et du livre IV de *Pantagruel*. On sait que Rabelais savait par cœur l'Histoire naturelle de Pline, qu'il cite sans cesse.

63. Prologue et chapitre singulier de très-excellent docteur en médecine et chirurgie maistre Guidon de Cauliac. Le tout nouvellement traduit et illustré de commentaires par maistre Jehan Canappe, docteur en médecine et lecteur public des chirurgiens à Lyon. (Marque de Dolet.) *Chès Estienne Dolet, à Lyon*, 1542, avec privilége pour dix ans, pet. in-8, 118 p., lettres rondes et ital., vél.

Rare. Jehan Canappe était un des élèves de Rabelais et son ami, ainsi que l'ami d'Etienne Dolet. Leurs relations dataient de 1532.

Biographie de Rabelais.

64. Floretum philosophicum seu ludus Meudonianus in terminos totius Philosophiæ, autore Antonio Leroy, presbytero Cenomanensi I. V. Licent. Opus elucubratum

Meudonii in Musæo Clariss. Fr. Rabelæsi ibidem aliquando rectoris, doctoris medici, et scriptoris notissimi præmissis diversis Meudonii elogiis et amplissima ejusdem Rabelæsi commendatione. *Parisiis, J. Dedin*, 1649, in-4, dem.-v. ant.

Exemplaire de Péricaut, bibliothécaire de la ville de Lyon, avec une note de sa main sur la garde.

Ouvrage rare, dont la préface, intitulée : *Meudonium sub Rabelæso, pro prefatione* (45 feuillets), fait tout le prix. Antoine Le Roy, curé de Meudon, qui a composé ce livre dans la bibliothèque même (*in musæo*) de Rabelais, et sous l'influence des traditions que Rabelais avait laissées dans le pays, rédigeait alors un gros manuscrit, *Elogia Rabelæsina*, qui est resté inédit et que possède la Bibliothèque nationale (nº 8704). Il y est entré, depuis deux siècles, avec d'autres manuscrits qui ont appartenu à Rabelais. La préface du *Floretum philosophicum* renferme un extrait des *Elogia* et beaucoup de curieux renseignements sur Rabelais.

65. François Rabelais, par Guillaume Colletet, avec notes et notices de G. Brunet. *Genève, Gay et fils*, 1867, pet. in-12, pap. de Holl., br. (*Tiré à 100 ex.; nº 48.*)

66. Dissertation sur Rabelais, par M. Basnage, en 1667, avec les notes du R. P. Niceron, barnabite. *A Leide, chez Jean et Herm. Verbeek*, 1748, in-12, 100 p., cart.

67. Mémoires pour servir à l'histoire de la Faculté de médecine de Montpellier, par Jean Astruc, revus et publiés par Lorry. *Paris, Cavelier*, 1767, in-4, portr. d'Astruc gravé par Daullé d'après L. Vigée, v. m.

Cet ouvrage contient, de la page 318 à la page 329, une notice très-curieuse sur les rapports de Rabelais avec la Faculté de médecine de Montpellier et une quantité de détails concernant les amis et les contemporains de notre auteur.

68. François Rabelais, 1483-1553, par M. Delécluze. *Paris, H. Fournier*, 1841, in-8 de 78 pages, br.

69. Rabelais à Rome (publ. vers 1830). Broch. in-8 de 9 p. (*Extr. de la Revue des Archives curieuses.*)

Nous croyons que l'auteur de ce pastiche littéraire est M. Paul Lacroix.

70. Légendes françaises. Rabelais, par Eugène Noël. 1re édit. *Paris, Comon*, 1850, in-18, 180 pag., d.-chag. vert.

71. Rabelais, sa vie et son œuvre, par Eugène Noël. 2e édit. *Paris, Michel Lévy (Bruxelles), s. d.* (1859), in-18, 192 p., d.-mar. rouge.

72. Rabelais et son Œuvre, étude historique et littéraire, par Eugène Noël, ornée d'un portrait gravé à l'eau-forte par Gilbert. *Paris, Librairie des bibliophiles, imprimé par Jouaust*, 1870, in-8, pap. vergé, br.

73. Rabelais, sa vie et ses ouvrages, par P.-L. Jacob. *Paris, Ad. Delahays (impr. à Bruxelles, chez Buggenhoudt)*, 1859, in-18, d.-mar. r.

Peu commun.

73 *bis*. Un second exemplaire, broché.

74. Rabelais, étude sur le XVIe siècle, par Alfred Mayrargues. *Paris, Hachette*, 1868, gr. in-18, br.

75. Clément Marot, vaudeville anecdotique en un acte, par les CC. Armand Gouffé et Georges Duval, représenté pour la première fois sur le théâtre des Troubadours, le 19 floréal an VII. *Paris, an VII*, in-8, 48 pages, dérel. (*Airs notés*.)

Les principaux personnages de ce vaudeville sont Clément Marot et Rabelais.

Mélanges relatifs à Rabelais et à ses Œuvres.

76. Jugement et Nouvelles Observations sur les Œuvres grecques, latines, toscanes et françoises de maître François Rabelais, D.-M., ou le véritable Rabelais réformé, avec la carte du Chinonois pour l'intelligence de quelques endroits du roman de cet auteur, ses médailles, celle de l'auteur du Jugement et des Observations et celle du médecin de Chaudray, auquel cet ouvrage est dédié par un médecin, son contemporain et admirateur. *Paris, Laurent d'Houry*, 1697, in-12, carte du Chinonois, veau gran.

Cet ouvrage curieux est de Jean Bernier, médecin à Blois, quoique le privilége ait été accordé au sieur de St-Honoré. Les additions qui se trouvent à la suite de la préface (14 feuillets non chiffrés) contiennent, outre la critique des prétendus éclaircissements de l'édition de Hollande, 1663, des extraits du Commentaire inédit de Guiet et de Ménage. Ces additions manquent souvent.

77. Le Rabelais de poche, avec un dictionnaire pantagruélique tiré des Œuvres de F. Rabelais. *Alençon, chez Poulet-*

Malassis, 1860, pet. in-8, titre grav. à l'eau-forte, demi-maroq. rou., av. coins. (*Tiré à petit nombre.*)

78. Des Matériaux dont s'est servi Rabelais pour la composition de son ouvrage, par M. Ch. Nodier. *Paris, Techener*, 1835, in-8, 14 pages, br.

79. Lettres à Son Altesse Monseigneur le prince de *** (Brunswick) sur Rabelais et sur d'autres auteurs accusés d'avoir mal parlé de la religion chrétienne. *Amsterdam, Marc-Michel Rey*, 1767. — Fragment des instructions pour le prince royal de *** (par Voltaire). *Berlin,* 1768. — En un vol. in-8, fil., tr. dor.

80. De l'Autorité de Rabelais dans la Révolution présente et dans la constitution civile du clergé, ou Institutions royales, politiques et ecclésiastiques tirées de Gargantua et de Pantagruel (par Ginguené). *En Utopie, de l'imprimerie de l'abbaye de Thélème. Paris, Gattey,* 1791, in-8, 152 p., dem.-v. bl.

81. Le Rabelais réformé par les ministres et notamment par Pierre Dumoulin, ministre de Charenton, pour réponse aux bouffonneries insérées en son livre de la Vocation des pasteurs (par le P. Garasse). *Brusselle, Christophe Girard*, 1620, in-8 de 248 p., parch. (*Un trou au titre.*)

Rare. Le Père Garasse, dans ce furieux libelle plein de facéties rabelaisiennes, déclare que « c'est sur les idées de Rabelais que du Moulin s'est tellement formé, qu'il en retient les inventions, les sornettes et locutions entières. » Or, on reconnaît que le P. Garasse s'était nourri de la lecture du *Gargantua* et du *Pantagruel.* Après l'Epistre aux Eglises prétendues de France touchant l'humeur de Pierre du Moulin, on trouve une longue pièce en vers intitulée : *Rapport de Rabelais avec les ministres et nommément avec Pierre du Moulin.*

82. Les Héros de Rabelais, ou Aventures drolatiques de Gargantua, Panurge et Pantagruel, mises en vers libres par Th. Fragonard et Jules de Lamarque, précédées d'une notice sur la vie et les ouvrages de François Rabelais, par Patrice Rollet. *Paris, Permain*, 1851, in-8, 188 pag., dem.-mar. bistre, tr. supér. dor., non rog.

83. Rabelais et l'Architecture de la Renaissance, restitution de l'abbaye de Thélème, par Ch. Lenormand. *Paris, Crozet*, 1840, in-8, 35 p., fig., br.

84. Histoire topographique et médicale du grand Hôtel-

Dieu de Lyon, par Pointe. *Paris*, 1842, gr. in-8, fig., br.

On trouve dans cet ouvrage des détails curieux sur Rabelais, *prosecteur* et médecin à l'hôpital de Lyon.

Contemporains de Rabelais.

85. Le Blason des couleurs en armes, livrées et devises, par Sicille, hérault d'Alphonse V, roi d'Aragon, publié et annoté par Hippolyte Cocheris. *Paris*, *Aubry*, 1860, in-8, blasons coloriés, fig., pap. vergé, relié en percal. (*Le Trésor des pièces rares et inédites.*)

Voyez le chapitre 9 de *Gargantua.*

86. Les Poésies de Guillaume Cretin. *Paris*, *Coustelier*, 1723, pet. in-8, veau, fil.

Rabelais a mis en scène le poëte Cretin sous le nom de Raminagrobis. Voyez le chapitre 21 du livre III.

87. Henrici Cornelii Agrippa.. de incertitudine ac vanitate scientiarum atque excellentia verbi Dei declamatio. *S. a. n. l.*, pet. in-8, bas.

Rabelais a mis en scène Cornelius Agrippa sous le nom de *Her Trippa.* Voyez les chapitres 25, 26 et 27 du livre III.

88. Cæli secundi Curionis Pasquillus estaticus cui accessit Pasquillus theologaster tractatus utilissimus et jucundissimus. (*A la Sphère*), *Genevæ*, *apud Petrum Columerium*, 1667, pet. in-12, parch.

Rabelais, qui avait connu Curion en Italie, a imité ses Pasquils dans les livres IV et V du Pantagruel, surtout aux chapi res de maître Gaster et de l'île Sonnante.

89. Etienne Dolet, sa vie, ses œuvres, son martyre, par Joseph Boulmier. *Paris*, 1857, pet. in-8, portr., br. (*Tiré à petit nombre.*)

Sources principales où Rabelais a puisé.

90. Luciani Samosatensis philosophi Opera omnia quæ extant cum latina interpretatione. *Lutetiæ Parisiorum, apud Ludovicum Febvrier*, 1615, in-fol., v. fauve.

Rabelais fut surnommé par ses contemporains le *Lucien moderne*. On lui attribua un livre intitulé : *Lucianistarum* ou *Icadistarum duo libri*.

91. Les Quinze Joyes de mariage, auquel on a joint le Blason des fausses amours, le Loyer des folles amours, et le Triomphe des Muses contre l'Amour (édit. de Le Duchat). *La Haye, de Rogissart*, 1734, in-8, veau.

On a relié à la suite les Voyages de Zulma dans le pays des fées. *Amst.*, 1734.

92. Les Quinze Joies de mariage. Seconde édition de la Bibliothèque elzévirienne, conforme au manuscrit de la bibl. de Rouen, avec les variantes des anciennes éditions, une notice bibliographique et des notes. *Paris, Jannet*, 1857, gr. in-18, pap. vergé, cart. percal., n. rog.

93. Les Evangiles des quenouilles. Nouvelle édition, avec préface, glossaire et table analytique. *Paris, Jannet*, 1855, gr. in-18, perc. rou., n. rog.

94. Œuvres complètes de François Villon. Nouvelle édition, revue, corrigée et mise en ordre avec des notes historiques et littéraires, par P. L. Jacob. *Paris, Jannet*, 1854, gr. in-18, cart. perc. rou., n. rog.

Rare.

95. Maistre Pierre Pathelin, suivi du Nouveau Pathelin. Nouv. édit., publ. par le bibliophile Jacob. *Paris, Delahays*, 1859, gr. in-18, pap. de Holl., br.

96. Les Cent Nouvelles nouvelles, édition revue par Le Roux de Lincy. *Paris, Paulin*, 1841, 2 vol. gr. in-18, br.

97. Les Cent Nouvelles nouvelles, édition revue sur l'édition originale, avec des notes et une introduction, par P. L. Jacob, bibliophile. *Paris, Delahays*, 1862, in-18, pap. de Holl., br.

98. Histoire macaronique de Merlin Coccaie, prototype de Rabelais, avec des notes et une notice, par G. Brunet. Nouv. édit., revue et corrigée par P. L. Jacob. *Paris, Ad. Delahays*, 1859, gr. in-18, pap. vergé, perc. verte, n. r.

Philologie rabelaisienne.

99. Ménagiana, ou les bons mots et remarques critiques, historiques, morales et d'érudition de M. Ménage, recueillies par ses amis. 3e édition. *Paris*, 1715, 4 vol. in-12, veau gran.

100. Ducatiana, ou remarques de feu M. Le Duchat sur divers sujets d'histoire et de littérature, recueillies dans ses manuscrits et mises en ordre par M. F.(ormey). *Amsterdam*, 1738, 2 vol. pet. in-8, v. m.

101. De l'Influence du langage poitevin sur le style de Rabelais, par M. Poey d'Avant. *Paris, J. Techener,* 1855, in-8, 14 p., br.

102. Meister Franz Rabelais der arzenen doctoren Gargantua und Pantagruel, aus dem französischen verdeutscht durch Gottlob Regis. *Leipsick,* 1832-1841, 2 tomes en 3 vol. in-8, port. dess. et gravé par Suter, br.

Peu commun.

La traduction allemande forme le premier volume; les deux autres sont remplis par un ample commentaire où l'auteur a entassé sans ordre et sans choix tout ce qui se rapporte à Rabelais et à ses ouvrages.

Bibliographie rabelaisienne.

103. Essais d'études bibliographiques sur Rabelais (par Gustave Brunet). *Paris*, *Techener*, 1841, in-8, 88 p., br. (*Tiré à* 60 *ex.*)

104. Notice sur une édition inconnue du Pantagruel et sur le texte primitif de Rabelais, par Gustave Brunet. *Paris, Techener*, 1844, in-8, 36 p., br. (*Tiré à* 100 *ex.*)

105. Sur les éditions primitives de Rabelais, par Gustave Brunet. *Bruxelles*, 1851, br. in-8 de 11 p.

Extrait du Bibliophile belge. Tiré à 100 exemplaires.

106. Recherches bibliographiques et critiques sur les éditions originales des cinq livres du roman satirique de Rabelais et sur les différences de texte qui se font remarquer particulièrement dans le premier livre du Pantagruel et dans le Gargantua ; on y a joint une revue critique des éditions collectives du même roman et le texte original des grandes et inestimables Chroniques de Gargantua, par Jacq.-Charles Brunet. *Paris*, *Potier*, 1852, in-8, 144 et 58 p., d.-mar. rouge.

107. Le même ouvrage, sur grand papier vergé, br.

108. Notice sur deux anciens romans intitulés les Chroniques de Gargantua, où l'on examine les rapports qui existent entre ces deux ouvrages et le Gargantua de Rabelais, et si la première de ces Chroniques n'est pas aussi de l'auteur du Pantagruel, par l'auteur des Nouvelles Recherches bibliographiques (J.-Ch. Brunet). *Paris, Silvestre*, 1834, gr. in-8, 39 p., pap. vélin, br. (*Tiré à* 60 *ex.*)

109. Les Rabelais de Huet (par Th. Baudement). *Paris, Academ. des bibliophiles (Jouaust)*, 1867, pet. in-12, pap. verg. de Holl., br. (*Tiré à petit nombre.*)

110. Catalogue de la bibliothèque de l'abbaye de Saint-Victor au XVIe siècle, rédigé par François Rabelais, commenté par le bibliophile Jacob, et suivi d'un Essai sur les bibliothèques imaginaires, par Gustave Brunet. *Paris, J. Techener*, 1852, in-8, br.

111. Rabelais et ses Editeurs, par M. Emile Chevalier. *Paris, Aubry*, 1868, in-12, 31 p., pap. vergé, br. (*Tiré à petit nombre.*)

112. Lettre à l'auteur de Rabelais et ses Editeurs (par Marty-Laveaux). *Paris*, *Lemerre*, 1869, in-8, 12 p., pap. vergé.

113. Jarrin. Le Rabelais de Doré, et accessoirement des rapports de Rabelais avec la Bresse (extrait du *Courrier de l'Ain*). *Bourg, imp. Ad. Dufour*, 1873, in-8, 16 p., br.

Imitateurs de Rabelais.

114. Rabelais ressuscité récitant les faicts et comportements admirables du très valeureux Grandgosier, roy de Placevuide. *Rouen*, 1611. Nouv. édit., avec notes de Philomneste junior (Gust. Brunet). *Genève, J. Gay*, 1867, pet. in-12, pap. de Holl., br. (*Tiré à petit nombre.*)

115. La Vie du fameux Gargantua, le plus terrible géant qui ait jamais paru sur la terre. Traduction nouvelle, dressée sur un ancien manuscrit qui s'est trouvé dans la bibliothèque du Grand Mogol. *Troyes, et Paris, Jean Musier, s. d.*, pet. in-8 de 63 p., mar. br., tr. dor. (*Vogel.*)

116. La Vie du fameux Gargantua, le plus terrible géant qui ait jamais paru sur la terre. Traduction nouvelle, dressée sur un ancien manuscrit qui s'est trouvé dans la bibliothèque du Grand Mogol. *A Bruyères, chez la veuve Vivot*, 1800, br. in-12, 48 p.

117. Mitistoire barragouyne de Fanfreluche et Gaudichon, trouvée depuis n'aguère d'une exemplaire escrite a la main. De la valeur de dix atomes pour la récréation de tous bons Fanfreluchistes, autheur a, b, c, d, e, f, etc. *On les vend à Lyon, par Jean Dieppi*, 1574, in-16 carr., pap. verg. de Holl., br.

Réimpression tirée à 40 exemplaires, par Crapelet, et devenue rare.

118. Les Aventures du baron de Fæneste, par Th. Agrippa d'Aubigné. Nouv. édit., revue et annotée par Prosper Mérimée. *Paris, P. Jannet*, 1855, gr. in-18, perc. rou., n. rog.

119. Le Cymbalum mundi, précédé des Nouvelles Récréations et Joyeux Devis de Bonaventure des Périers. Nouv. édit., revue et corrigée, avec des notes et une notice, par P. L.

Jacob. *Paris, Ad. Delahays,* 1858, gr. in-18, pap. verg., perc. verte, n. r.

Bonaventure des Périers a imité Rabelais dans ses *Joyeux Devis*; Rabelais avait imité le *Cymbalum* ou s'en était souvenu en écrivant l'*Isle Sonnante.*

120. Apologie pour Hérodote, ou Traité de la conformité des merveilles anciennes avec les modernes, par Henri Estienne. Nouv. édit., avec des remarques par M. Le Duchat. *A La Haye,* 1735, 2 tom. en 3 vol. pet. in-8, v. m.

121. La Nouvelle Fabrique des excellents traits de vérité, livre pour inciter les resveurs tristes et mérancoliques à vivre de plaisir, par Philippe d'Alcripe, sieur de Néri en Verbos. Nouv. édit., augmentée des Nouvelles de la terre de Prestre Jehan. *Paris, Jannet,* 1853, in-12, perc. rou., non rogn.

122. Le Moyen de parvenir, par Beroalde de Verville, édit. publ. avec un commentaire historique et philologique, par le bibliophile Jacob. *Paris, Ch. Gosselin,* 1841, gr. in-18, dem.-chagr. v.

123. Propos rustiques, balivernes, contes et discours d'Eutrapel, par Noël du Fail, publ. par Marie Guichard. *Paris, Charpentier,* 1856, gr. in-18, br.

124. Les Touches du seigneur des Accords. *Rouen, David Geuffroy,* 1625. — Le Quatriesme des Bigarrures du seigneur des Accords. *Rouen, David Geuffroy,* 1625. — Les Contes facécieux du sieur Gaulard. *Rouen, David Geuffroy,* 1625, pet. in-12, portr. gr. sur bois, dem.-rel. percal.

125. Mémoires de messire Jean de Laval, comte de Chateaubriant, écrits par lui-même en 1538 et publiés pour la première fois avec un avant-propos. *Genève, J. Gay,* 1868, pet. in-12, pap. de Holl., broch. (*Tiré à* 100 *exemplaires.*)

Ces Mémoires racontent les galanteries de la cour de François Ier et contiennent quelques gaîtés de Rabelais, peu connues.

OUVRAGES DIVERS

Théologie.

126. Biblia sacra Vulgatæ editionis Sixti V, pontificis maximi Jussu recognita et Clementii VIII auctoritate edita. *Lugduni*, 1827, gr. in-8 à 2 col., br.

127. Novum Testamentum jam quintum ac postremum recognitum à Des. Erasmo Roter. *Basileæ, Froben*, 1539, in-fol., bas.

128. Catena græcorum Patrum in beatum Job auctore Niceta græcè nunc primum in lucem edita et latine versa opera et studio Patricii Junii, accessit ad calcem textus Jobi secundum septuaginta seniorum interpretationem. *Londini, ex typog. reg.*, 1667, in-fol., veau fleurdelisé, tr. dor. (*Aux armes.*)

129. Le Livre de l'éternelle consolacion, première version française de l'Imitation de Jésus-Christ. Nouv. édit., avec une introduction et des notes, par L. Moland et Ch. d'Héricault. *Paris, Jannet*, 1856, gr. in-18, percal. rou.

130. Sermons du Père Bourdaloue, de la Compagnie de Jésus. *Paris, Rigaud*, 1707, 16 vol. in-8, v. gr. (*Cachets sur les titres.*)

131. Sermons de M. Massillon, évêque de Clermont. *Paris, veuve Estienne*, 1749, 14 vol. in-12, v. gr.

Sciences et arts.

132. Ægidii Menagii juris civilis amænitates editio quarta franequeoræ apud Leonardum. *Strickium*, 1700, pet. in-8, portr., cart., n. rog.

133. Le Livre du chevalier de Latour Landry, pour l'enseignement de ses filles, publié par Anatole de Montaiglon. *Paris, Jannet*, 1854, gr. in-18, percal. rou., n. rog.

134. Essais de Michel de Montaigne, avec des notes de tous les commentateurs. *Paris, Lefèvre*, 1834, gr. in-8 à 2 col., portr., bas., fil.

135. De la Sagesse, trois livres, par Pierre Charron. *Paris, Fougé*, 1646, in-8, titre grav., parch.

136. L'Utopie de Thomas Morus, traduite nouvellement par M. Gueudeville et ornée de figures. *Leyde, van der Aa*, 1715, in-12, br. (*Aux armes.*)

137. De la Misère des classes laborieuses en Angleterre et en France, par Eug. Buret. *Paris, Paulin*, 1840, 2 vol. in-8, br.

138. Nouveau Système de chimie organique, fondé sur des nouvelles méthodes d'observation, par F.-V. Raspail. *Paris, J.-B. Baillière*, 1838, 3 vol. in-8 et atlas in-4, br.

139. Traditions populaires comparées, par MM. Désiré Monnier et A. Vingtrinier. Mythologie. Règnes de l'air et de la terre. *Paris*, 1854, in-8, br.

140. Essai critique sur le gaz hydrogène et sur les divers modes d'éclairage artificiel, par Ch. Nodier et Amédée Pichot. *Paris, Gosselin*, 1823, in-8, br. (*Rare.*)

141. Traité élémentaire de géologie, minéralogie et géognosie (histoire naturelle inorganique), par Barruel. *Paris*, 1839, in-8, pl., br. — Géologie, par Beudant. *Paris, s. d.*, in-12, fig., dem.-bas.

142. Traité élémentaire de physique, par C. Despretz. *Paris*, 1836, gros in-8, pl., br. — Cours élémentaire de physique, par Deguin. *Paris*, 1846, 2 vol. in-8, pl., dem.-bas. v. — Cours élémentaire de chimie, par Deguin. *Paris*, 1847. in-8, pl., dem.-bas. v.

143. Elémens de zoologie, par H. Milne Edwards. *Paris*, 1834, gros in-8, fig., br.

144. De Horologiis Sciothericis libri tres Joanne Voello sacerdote Soc. Jesu auctore. *Turnoni, apud Claudium*

Michaelem, 1608, pet. in-4, frontisp. gravé, fig., vél. (*Le bas du front. est coupé.*)

145. L'Horographie ingénieuse, par le P. Pierre Bobynet, de la Compagnie de Jésus. *Paris, Jean Dupuis*, 1663, in-12, bas. (*Taches.*)

146. Hippocratis coi opera quæ extant græce et latine a Hieron. Mercuriali Foroliviensi. *Venetiis, industria ac sumptibus Iuntarum*, 1588, in-fol., toile.

147. Tractatus de pestilentali scorra sive mala de Franczos, originem remediaque ejusdem continens; compilatus a venerabili viro magistro Josepho Grünpeck de Burckhausen super carmina quedam Sebastiani Brandt (absque nota). *S. l.* (*Augbourg*) *n. d.* (1497), pet. in-4 goth. de 18 ff., titre compris, 29 lign. par pages, initiales rou. et n., cart. (*Piq. de vers.*)

Comme cet opuscule contient une épître dédicatoire de l'auteur à Bernard de Waldkirch, chanoine d'Augsbourg, datée de la même ville, 15 kal. novembris 1496, et que les caractères qui ont servi à son impression sont ceux de Jean Froschauer, il est à croire qu'il a été exécuté par cet imprimeur d'Augsbourg en 1497, au plus tard. La pièce de Sébastien Brandt qui fut l'occasion de cet écrit et qui le précède est en 124 vers élégiaques, sous ce titre : *Eulogium Sebast. Brant... de scorra pestilentiali sine mala de Franczos anni 96 ad Johannem Capnion.*

Cette pièce, qui est de la plus grande rareté, est ornée de deux curieuses gravures sur bois et de lettres ornées, rouge et noir.

148. Traité complet d'anatomie, par Sabatier. *Paris*, 1792, 4 vol. in-12, fig., bas. — Traité d'anatomie chirurgicale et de chirurgie expérimentale, par J.-F. Malgaigne. *Paris*, 1838, 2 vol. in-8, br. — Nouveau Traité élémentaire d'anatomie descriptive, suivi d'un précis d'embryologie, par Jamain et Verneuil. *Paris*, 1853, gr. in-12, fig., dem.-chagr. bl.

149. De Anatome et Pathologia ortium commentarii auctore Antonio Scarpa cum tabulis æneis. *Ticini*, 1827, in-fol., br.

150. Traité d'anatomie descriptive, par Cruveilhier. *Paris, Labé*, 1843-45, 4 vol. in-8, br.

151. Œuvres chirurgicales complètes de sir Astley Cooper, trad. de l'angl. par E. Chassaignac et G. Richelot. *Paris*, 1837, gr. in-8, br.

152. Traité d'anatomie topographique, médico-chirurgicale, par J.-E. Pétrequin. *Paris*, 1857, gr. in-8, br.

153. Eléments de pathologie générale, par Chomel. *Paris*, 1856, gr. in-8, dem.-bas. v. — Nouveaux Eléments de pathologie générale et de séméiologie, par E. Bouchut. *Paris*, 1857, gros in-8, fig., dem.-bas.

154. Traité de pathologie externe et de médecine opératoire, par Aug. Vidal. 4e édition, illustrée de 600 figures intercalées dans le texte. *Paris*, 1855, 5 vol. gr. in-8, fig., dem.-bas. br.

155. Manuel complet de médecine légale, par Briand et Chaudé. *Paris*, 1863, in-8, 1048 pages, fig., dem.-chagr. bl.

156. Manuel de médecine opératoire, par J.-F. Malgaigne. *Paris*, 1849, in-12, dem.-bas. — Traité pratique d'auscultation, par Barthe et Roger. *Paris*, 1850, in-12, dem.-bas. — Traité de diagnostic médical, par le Dr Racle. *Paris*, 1859, in-12, dem.-chagr.

157. Traité de thérapeutique et de matière médicale, par A. Trousseau et H. Pidoux. *Paris*, 1858, 2 vol. gr. in-8, dem.-bas. v.

158. Traité des altérations du sang, par P.-A. Piorry et D. Lhéritier. *Paris*, 1840, in-8, dem.-bas. bl. (*Taches d'encre.*) — Traité des sections tendineuses et musculaires, par A. Bonnet. *Paris*, 1841, in-8, br.

159. Nouveaux Elémens de physiologie, par le baron de Richerand, édition revue par Bérard. *Paris*, 1833, 3 vol. in-8, dem.-chagr. v. — Eléments de morphologie, par E. Cornay. *Paris*, 1850, in-12, fig., br.

160. Manuel des accouchements, par J. Jacquemier. *Paris*, 1846, 2 gros vol. in-12, fig., dem.-bas. br. — Traité pratique des nouveaux-nés, par Bouchut. *Paris*, 1862, gros in-8, fig., dem.-bas. v.

161. Lettres sur la syphilis, par Ph. Ricord. *Paris*, 1856, in-12, dem.-bas. — Leçons sur le chancre, par le même. *Paris*, 1858, in-8, br. — Leçons sur les maladies de la peau, par le Dr Hardy. *Paris*, 1859-60, 2 vol. in-8, br.

162. Traité de la nature des complications et du traitement des plaies d'armes à feu, par le Dr Serrier. *Paris*, 1844,

in-8, br. — Relation médico-chirurgicale de la campagne d'Orient, par le Dr Scrive. *Paris*, 1857, in-8, br.

163. Etude sur le service de santé militaire en France, par L.-J. Bégin. *Paris*, 1860, in-8, br. — Code des officiers de santé de l'armée de terre, par Didiot. *Paris*, 1863, gros in-8, br. — Bulletin des officiers de santé. Années 1839 à 1845, in-8, dem.-rel.

164. Bandages et Appareils à pansements, par Mathias Mayor. *Paris*, 1838, in-8 et atlas in-4, br. — Traité complet des bandages, par Michel Thivet. *Paris*, 1841, in-8, pl., br. — Traité de médecine opératoire, bandages et appareils, par le Dr Sédillot. *Paris*, 1846, in-8, fig., br.

165. Formulaires pharmaceutiques des hôpitaux militaires. 6 vol. in-8, br. et dem.-rel.

166. Code militaire, ou Compilation des ordonnances des rois de France concernant les gens de guerre, par de Briquet. *Paris*, 1741, 5 vol. in-12, bas. m. — Détails militaires nécessaires à tous les officiers et aux commissaires des guerres, par M. de Chennevières. *Paris*, 1750, 4 vol. in-12, v. f.

167. Législation sanitaire de l'armée de terre, par P. Rozier. *Paris*, 1853, 4 vol. in-8, dem.-chagr. brun, tr. dor.

167 *bis*. Le même ouvrage, cartonné.

168. Journal des connaissances médico-chirurgicales, pub. par MM. A. Trousseau, J. Lebaudy, H. Gouraud et le Dr Martin Lauzer. *Paris*, du 1er septembre 1833 (origine) à 1852, 28 vol. et 20 livr. in-4 d'atlas, br. et dem.-rel.

169. Revue scientifique et administrative des médecins des armées de terre et de mer. *Paris*, du 1er juin 1850 au 31 décembre 1860, en 6 vol. in-8, dem.-chagr.

170. Bulletin de la médecine et de la pharmacie militaires. Années 1854 à 1861. *Paris*, 1857-61. Ens. 8 vol. in-8, dem.-chagr. et cart.

171. Annuaire du corps des médecins militaires. *Paris*, années 1852 à 1856, 7 vol. in-4 obl., dem.-chagr. et cart.

172. Annuaire du corps de l'Intendance, du corps des

équipages militaires, du personnel de santé et des officiers d'administration. *Paris*, années 1857 à 1866. Ens. 9 vol. in-4 obl., dem.-chagr., tr. dor.

173. Des Sciences occultes, ou Essai sur la magie, les prodiges et les miracles, par Eusèbe Salverte. *Paris*, 1829, 2 vol. in-8, dem.-v. f.

174. Apologie pour les grands hommes soupçonnés de magie, par G. Naudé, Parisien. *Amsterdam*, *Pierre Humbert*, 1712, in-8, v. m.

175. Des Hallucinations, ou Histoire raisonnée des apparitions, des visions, des songes, de l'extase, du magnétisme et du somnambulisme, par Brierre de Boismont. *Paris*, *G. Baillière*, 1845, in-8, br.

176. Traité théorique et pratique du magnétisme animal, par J.-J.-A. Ricard. *Paris*, 1841, in-8, br. — Manuel pratique du magnétisme, par Alph. Teste. *Paris*, 1840, in-12, br.

177. Etudes médicales sur les poëtes latins, par P. Menière. *Paris*, 1858, in-8, br.

178. Etudes historiques et critiques sur les médecins numismatistes, par J. Renauldin. *Paris*, 1851, in-8, br.

Belles-lettres.

I. — Éloquence et poésie.

179. Dictionnaire pour l'intelligence des auteurs classiques grecs et latins, tant sacrés que profanes, contenant la géographie, l'histoire, la fable et les antiquités (par Sabbathier). *A Châlons-sur-Marne*, 1766, 36 vol. in-8, dem.-bas.

180. La Précellence du langage françois, par Henri Estienne. Nouvelle édition, accompagnée d'une étude sur Henri Estienne et de notes philologiques et littéraires, par Léon Feugères. *Paris*, *Delalain*, 1850, in-12, br.

181. Dictionnaire universel français et latin (de Trévoux). *Paris*, 1743, 7 vol. in-fol., veau m.

182. Dictionnaire raisonné des onomatopées françaises, par Charles Nodier. *Paris, Demonville*, 1828, in-8, br.

183. Xenophontis scripta quæ supersunt, græce et latine. *Parisiis, Didot*, 1838, gr. in-8, texte à 2 col., br.

184. Demosthenis et Æschinis opera, per Hieronymum Wolfium. *Basileæ, ex officina Hervagiana, per Eusebium Episcopium*, 1572, in-fol., d.-veau.

185. Demosthenis et Æschinis quæ supersunt omnia græce et latine edidit Athanasius Auger, tomus primus continens universas quæ ad Philippum pertinent conciones et hujus epistolam. *Parisiis, Firminus Didot*, 1790, in-4, gr. pap., cart., n. rogn. (*Tome Ier, seul publié.*)

186. Homeri carmina et cycli epici reliquiæ græce et latine cum indicibus. *Parisiis, Didot*, 1837, gr. in-8 à 2 col., d.-bas.

187. Publii Virgilii Maronis Bucolica, Georgica et Æneis. *Birminghamiæ, typis Joannis Baskerville*, 1766, in-8, maroq. rou., fil., tr. dor. (*Anc. rel.*)

188. Œuvres complètes d'Horace, de Juvénal, de Perse, de Sulpicia, de Turnus, de Catulle, de Properce, Gallus et Maximien, de Tibulle, de Phèdre et de Syrus, avec la traduction en français, publiées sous la direction de M. Nisard. *Paris, Didot*, 1855, gr. in-8, d.-bas.

189. Quintus Horatius Flaccus, recensuit et emendavit Potier. *Parisiis, s. d.*, gr. in-8, pap. vél., d.-mar. r.

190. Quintus Horatius Flaccus, cum variis lectionibus argumentis novis ac veteribus curante et emendante N. E. Lemaire. *Parisiis, Lemaire*, 1829, 3 vol. in-8, portr., dem.-chagr.

191. Œuvres complètes d'Horace, traduites et annotées par A. Kayser. 2e édit. *Paris*, 1857, gr. in-8 à 2 col., d.-bas.

192. Les Œuvres d'Horace, traduction nouvelle par Jules Janin. *Paris, Hachette*, 1861, in-18, br.

193. Prædium rusticum. *Lutetiæ, apud Carolum Stephanum*, 1554, in-12, veau f., fil., tr. dor. (*Thouvenin.*)

194. Baisers de Jean Second, avec le texte latin, traduits en vers français par Mme Céleste Vien. *Paris, Delaunay*, 1832, gr. in-8, d.-mar., n. rog.

195. Parthonopeus de Blois, publié pour la première fois avec 3 fac-simile par Crapelet. *Paris, Crapelet*, 1834, 2 vol. gr. in-8, pap. vél., cart., non rog.

196. Le Roman de la rose, par Guillaume de Lorris et Jean de Meung. Nouv. édit., revue et corrigée par Francisque Michel. *Paris, Firmin Didot*, 1864, 2 vol. gr. in-18, br.

197. Œuvres complètes de Clément Marot, avec un essai sur sa vie et ses ouvrages, des notes et un glossaire. *Paris, Rapilly*, 1824, 3 vol. in-8, br. (*Manque le portrait.*)

198. Œuvres de Clément Marot, avec des notes historiques et un glossaire, par M. Auguis. *Paris, Chantpie*, 1823, 5 vol. in-18, dem.-bas. bl.

199. Poésies de Malherbe. *Paris, P. Didot aîné*, 1845, in-8, dem.-chagr. rou.

200. Les Jardins, poëme par l'abbé Delille. *Paris, Valade et Cazin*, 1782, in-8, titre grav., av. vign. d'après Laurent, et figure de Cochin, gr. pap., v. m.

201. Elégies. *Paris, imprimerie de Jules Didot aîné*, 1824, in-8, gr. pap. vél., br.

202. Les Nuits d'Young, traduites de l'anglais par Letourneur. *Paris, Lejay*, 1770, 2 vol. in-8, v. m.

203. De la Nouvelle Collection Jannet, in-18, cart. — Œuvres complètes de Regnier, 1 vol. — Les Pastorales de Longus, ou Daphnis et Chloé, 1 vol. — La Célestine, 1 vol. — Le Romant de Jehan de Paris, 1 vol. — Les Aventures de Til Ulespiègle, 1 vol.

II. — Théatre et romans.

204. Aristophanis Comœdiæ et deperditarum fragmenta ex nova recensione Dindorfi, accedunt Menandri et Philemonis fragmenta græce et latine cum indicibus. *Parisiis, A.-Firmin Didot*, 1846, gr. in-8 à 2 col., d.-bas. verte.

205. Théâtre d'Æschyle, trad. en françois, avec le texte en regard et des notes philologiques, par de La Porte du Theil. *Paris*, an III, 2 vol. in-8, dem.-bas.

206. Théâtre complet des Latins, comprenant Plaute, Térence et Sénèque, avec la traduction en français, publié sous la direction de Nisard. *Paris, Dubochet*, 1849, gr. in-8 à 2 col., d.-bas.

207. Théâtre français au moyen âge, par Monmerqué et Francisque Michel. *Paris, Delloye*, 1839, gr. in-8 à 2 col., d.-bas.

208. Œuvres de Jean Racine, pr écédées des Mémoires sur sa vie, par Louis Racine. *Paris, Lefèvre*, 1833, gr. in-8 à 2 col., br.

209. Œuvres de Molière, avec des notes de tous les commentateurs. *Paris, Didot*, 1854, gr. in-8 à 2 col., d.-bas.

210. Nouvelles françaises en prose du XIIIe siècle, publiées d'après les manuscrits, avec une introduction et des notes, par MM. L. Moland et C. d'Héricault. *Paris, Jannet*, 1856, gr. in-18, perc. rou., non rogn.

211. Les Vieux Conteurs français, accompagnés de notes et de notices, par Paul-L. Jacob, bibliophile. — Cent Nouvelles. — Contes de Bonaventure des Périers. — Heptaméron. — Printemps d'yver. *Paris, Panthéon littéraire*, 1841, gr. in-8, bas. verte, n. rog.

212. Le Violier des histoires romaines, ancienne traduction du *Gesta Romanorum;* nouv. édit., revue et annotée par M. G. Brunet. *Paris, Jannet*, 1858, gr. in-18, perc. rou., n. r.

213. Mélusine, par Jehan d'Arras; nouv. édit., avec une préface par M. Ch. Brunet. *Paris, Jannet*, 1854, gr. in-18, perc. rou., n. rog.

214. Le Roman bourgeois, par Antoine Furetière; nouv. édition, avec des notes historiques et littéraires par M. Edouard Fournier, précédée d'une notice par M. Charles Asselineau. *Paris, Jannet*, 1854, gr. in-18, perc. roug., n. rog.

215. Les Facétieuses Nuits de Straparole, traduites par Jean Louveau et Pierre de Larivey. *Paris, Jannet*, 1857, 2 vol. gr. in-18, perc. rou., n. rog.

216. Les Caquets de l'accouchée; nouvelle édition, revue et annotée par M. Edouard Fournier, introduction par M. Leroux de Lincy. *Paris, Jannet*, 1855, gr. in-18, perc. rou., non rog.

217. Le Dictionnaire des précieuses, par le Sr de Somaize. Nouv. édit. par Ch.-L. Livet. *Paris, Jannet*, 1856, gr. in-18, perc. rouge, n. rog.

218. Histoire de l'admirable don Quichotte de la Manche, traduite de l'espagnol de Michel de Cervantes. *Paris*, 1713. — Nouvelles Aventures de l'admirable don Quichotte de la Manche, composées par de Avellaneda. *Paris, Ve de Claude Barbin*, 1714. — Ensemble 8 vol. in-12, fig., v. br.

III. — Critique littéraire, épistolaires, polygraphie.

219. Lycée ou Cours de littérature, par J.-F. La Harpe, avec notes de divers commentateurs. *Paris, Didier*, 1834, 2 vol. gr. in-8 à 2 col., br.

220. Lettres de Guy Patin; nouvelle édition, précédée d'une notice biographique et accompagnée de notes par Réveillé-Parrie. *Paris, J.-B. Baillière*, 1846, 3 vol. in-8, portr., br.

221. Plutarchi Chæronensis omnium quæ extant operum : tomus primus, continens vitas parellelas cum latina interpretatione Cruserii et Xylandri; tomus secundus, continens moralia Gulielmo Xylandro interprete. *Lutetiæ Parisiorum, typis regiis, apud Societatem Græcarum editionem*, 1624, 2 vol. gr. in-fol., bas.

222. Œuvres complètes de Voltaire, dédiées aux amateurs de l'art typographique. *Paris*, *Jules Didot*, 1827, 4 vol. in-8, caract. microsc., mar. rou., n. rogn.

223. Œuvres complètes de J.-J. Rousseau. *Paris*, *Verdière*, 1826, gr. in-8 à 2 col., caract. microsc., dem.-mar. rou., n. rog.

224. Œuvres de Bernardin de Saint-Pierre, mises en ordre et précédées de la vie de l'auteur par Aimé Martin. *Paris*, *Lefèvre*, 1836, 2 vol. gr. in-8 à 2 col., br.

Histoire.

225. T. Livii Patavini historiarum ab urbe condita, libri quæ extant, XXXV, cum universæ historiæ epitomis. *Venetiis, apud Paulum Manutium*, *Aldi F.*, 1566, in-fol., bas. fleurdelis. (*Aux armes.*)

226. La Chronique scandaleuse, ou Mémoires pour servir à l'histoire des mœurs de la génération présente. *A Paris, dans un coin où l'on voit tout*, 1734, in-12, dem.-bas.

227. Mémoires de l'histoire de Lyon, par Guillaume Paradin de Cuyseaulx, doyen de Beaujeu. *Lyon*, *A. Gryphius*, 1573, in-fol. — Dans le même volume : les Priviléges, Franchises et Immunités octroyées aux consuls, échevins, manans et habitans de la ville de Lyon, par Claude de Rubis. *Lyon*, *A. Gryphius*, 1574, in-fol., mar. rou. à petits fers, tr. dor. (*Aux armes du cardinal de Tencin.*)

228. Mémoires pour servir à l'histoire de la ville de Lyon pendant la Révolution, par l'abbé Guillon de Montléon. *Paris*, 1824, 3 vol. in-8, dem.-rel.

Bibliographie.

229. Mélanges tirés d'une petite bibliothèque, ou Variétés littéraires et philosophiques, par Charles Nodier. *Paris, Crapelet*, 1829, in-8, 16 ff., br.

230. Description raisonnée d'une jolie collection de livres (Nouveaux Mélanges tirés d'une petite bibliothèque), par Ch. Nodier. *Paris, Techener*, 1844, in-8, v. f., fil. (*Closs.*)

231. Manuel du libraire et de l'amateur de livres, par J.-Ch. Brunet. 5e édit. *Paris, Didot*, 1860, 6 vol. gr. in-8, dos et coins de mar. rou., tr. supér. dor., n. rog.

CATALOGUE

DE LA

BIBLIOTHÈQUE DE M. CH. DESLYS

Théologie. — Jurisprudence.

232. HISTOIRE DU NOUVEAU TESTAMENT, enrichie d'un grand nombre de figures en taille-douce. *Anvers, chez P. Mortier*, 1700, 2 vol. in-fol., pl. et vign., maroq. rou. à compart., fil. (*Anc. rel.*)

Bel exemplaire.

233. Sancti Patris nostri Epiphanii, episcopi Constantiæ Cypri, ad physiologum. Ejusdem in die festo Palmarum fermo. D. Consali Ponce de Leon Hispalensis, S. D. N. Sixti V. Cubiculatii secreti, interpretis et scholiastæ, bimestre otium. *Antuerpiæ, ex off. Chr. Plantini*, 1588, pet. in-8, portr. et 25 jolies figures gr. sur cuivre, parch.

Bel exemplaire d'un livre peu commun, vendu 1 livre 2 schellings (voir Brunet, tome 2, page 1019). Les figures sont belles d'épreuves.

234. Les Commentaires de St. Augustin sur le sermon de Nostre-Seigneur sur la montagne (trad. par P. Lombert). *Paris*, 1683, in-12, v. éc.

235. L'Office de la semaine sainte, latin et français, à l'usage de Rome et de Paris. *Paris, Grég. Dupuis*, 1724, in-8, figures de Cochin, maroq. rou., fil., dent., ornem. dor. sur les plats, tr. dor.

Jolie reliure ancienne; les figures sont belles d'épreuves.

236. Histoire des Inquisitions (par l'abbé Goujet). *Colo-*

gne, P. Marteau, 1759, 2 vol. in-12, figures, v. m. — Histoire de l'Inquisition et de son origine (par l'abbé Marsollier). *Cologne, P. Marteau (à la Sphère)*, 1693, in-12, bas. (*Piq. d'humidité.*)

237. Les Provinciales, ou Lettres écrites par Louis de Montalte (Blaise Pascal) à un provincial de ses amis et aux RR. PP. Jésuites. *Cologne, Nicolas Schoute (à la Sphère)*, 1689, pet. in-12, cart., NON ROGNÉ. (*Taches sur le titre.*)

Edition elzévirienne qu'il est assez rare de rencontrer dans cette condition.

238. Légende véritable de Jean Le Blanc. *S. l.* (*Holl., Elzév.*), 1678, pet. in-12, figure, dem.-rel. toile. (*Trou au dern. feuillet.*)

Pièce très-rare contre les Jésuites. *Haut.* 135 *mill.*

239. Nouveau Mémoire pour servir à l'histoire des Cacouacs (par Moreau). *Amst.*, 1757, in-12, br. (*Peu commun.*)

240. Histoire des chevaliers hospitaliers de St-Jean de Jérusalem, appelés depuis chevaliers de Rhodes, par l'abbé de Vertot. *Paris*, 1778, 7 vol. in-12, bas. m. (*Mouillures.*)

241. Histoire générale des missions catholiques, depuis le XIIIe siècle jusqu'à nos jours, par le baron Henrion. *Paris, Gaume fr.*, 1846, 4 vol. gr. in-8 illustrés, dem.-rel.

242. Poëme contenant la tradition de l'Eglise sur le très-saint sacrement de l'Eucharistie, par Le Maistre de Sacy. *Paris, Guil. Desprez*, 1695, in-12, v. br.

Edition originale.

243. Panegyriques et autres Sermons prêchez par messire Esprit Fléchier, évesque de Nîmes. *Paris, Anisson*, 1696, in-4, v. br. (*Ex-libris collé sur le titre.*)

Edition originale collective. Bel exemplaire à toutes marges.

244. Histoire des variations des Eglises protestantes, par Bossuet. *Paris, Charpentier*, 1844, 2 vol. in-12, br.

245. Cinquante pseaumes de David, mis en vers françois par M. Gilbert. *Amsterdam, Abrah. Wolfgang* (*au Quærendo*), 1681, in-12, v. (*Haut.* 133 *millim.*)

246. Des Différens et Troubles advenans entre les hommes

par la diversité des opinions en la religion, par Loys Le Roye. *Paris, Fred. Morel*, 1563, in-8, 14 p., maroq. rou., dent., tr. dor. (*Rare.*)

247. Des Divinités génératrices, ou du Culte du Phallus chez les anciens et les modernes (par Dulaure). *Paris*, 1805, in-8, br. (*Rare.*)

248. Apologie pour les grands hommes soupçonnez de magie, par G. Naudé, Parisien. *Amst.*, 1712, in-12, frontisp. gr., v. m.

249. Histoire du droit municipal en France, par Raynouard. *Paris*, 1829, 2 vol. in-8, br. — Traité sommaire du droit français, par A. Rodière. *Paris*, 1838, in-8, br.

Sciences et arts.

250. Les Caractères de Téophraste, trad. du grec (par La Bruyère). Dixième édition. *Paris, Est. Michallet*, 1699, in-12, v. (*Signatures et noms effacés sur le titre.*)

Exemplaire grand de marges.

251. Pensées de Christine, reine de Suède. *Paris, Renouard*, 1825, in-12, texte encadr., fac-simile autogr., pap. vél., portr. sur chine, cart., n. rog. (*Légère tache d'encre à la page* 17.)

Edition tirée à petit nombre et devenue rare.

252. Pensées de Christine, reine de Suède, avec une notice sur sa vie. *Paris, Renouard*, 1825, in-12, texte encadr., pap. vélin, portrait, cart., n. rog.

Edition tirée à très-petit nombre et devenue fort rare.

253. Les Livres de Polydore Vergile d'Urbin, des inventeurs des choses, traduicts de latin en françois. *Lyon, Rigaud*, 1576, in-16, v. ant., fil. (*Incomplet de quelques feuillets.*)

254. Mes Loisirs (par L.-C. d'Arc). Apologie du genre humain. *Paris*, 1755, in-12, v. jasp., fil.

255. PROUDHON (P.-J.). Idées révolutionnaires. — Idée générale de la Révolution au XIXe siècle. — Qu'est-ce que la propriété (1er et 2e mémoires)? — Les Confessions d'un révolutionnaire. — Proposition relative à l'impôt sur le revenu. *Paris*, 1841-51. — Ens. 6 vol. in-12, br.

256. Cosmos, essai d'une description physique du monde, par Alex. de Humboldt, trad. par H. Faye. *Paris*, 1848-52, 3 tomes en 4 part. in-8, br.

257. Dictionnaire chronologique et raisonné des découvertes, inventions, innovations, en France, dans les sciences, la littérature, les arts, etc. Rédigé par une société de gens de lettres. *Paris*, 1822-24, 16 vol. in-8, br.

258. Manuels Roret. 3 vol. in-18, fig., br.

Manuel du dessinateur, — de minéralogie, — du cartonnier.

259. Astronomie populaire, par François Arago, publ. par Barral. *Paris*, *Baudry*, 1854-56, 3 vol. in-8, br. — Etudes et Lectures sur les sciences d'observation, par Babinet. *Paris*, 1857, 3 vol. in-18, br.

260. Histoire des sciences naturelles, depuis leur origine jusqu'à nos jours, chez tous les peuples connus, par G. Cuvier. *Paris*, 1841-45, 5 vol. in-8, br.

261. Dictionnaire raisonné, étymologique, synonymique et polyglotte des termes usités dans les sciences naturelles, par A.-L. Jourdan. *Paris*, 1834, 2 vol. in-8, br. (*Rare.*)

262. Flore de France, ou Description des plantes qui croissent naturellement en France et en Corse, par Grenier et Godron. *Paris*, *J.-B. Baillière*, 1848, 3 vol. in-8, dem.-bas. bl.

263. Flore élémentaire des jardins et des champs, par Em. Le Maout et J. Decaisne. *Paris*, *s. d.*, 2 vol. in-12, dem.-chagr. noir. — Nouvelle Flore française, par Gillet et J.-H. Magne. *Paris*, 1863, in-12, fig., dem.-bas. rou.

264. L'Horticulteur provençal, journal des serres et des jardins. *Marseille*, 1848-58, 11 années en 10 vol. in-12, fig., br.

265. Instruction facile pour connaître toutes sortes d'orangers et citronniers. *Paris*, 1680, pet. in-12, parch. —

Traité de l'olivier, par Couture. *Aix*, 1786, 2 vol. in-8, figures, br. (*Rare.*) — Notice sur les oliviers frappés de la gelée, par Raibaud-Lange. *Paris*, 1823, broch. in-12.

266. Art de construire et de gouverner les serres, par Neumann. *Paris*, 1844, pet. in-4 obl., pl., br. — Catéchisme d'agriculture, par Jourdier. *Paris*, 1857, in-12, fig., br. (*Mouillures.*) — Chimie et Physique horticoles, par P. Dehérain. *Paris, s. d.*, in-12, fig., br. — Le Bon Jardinier pour l'anné 1820. In-12, fig., dem.-bas.

267. Tableau de l'Ecole botanique du Muséum d'histoire naturelle, par Desfontaines. *Paris*, 1804, in-8, dem.-rel. — Botanique, par Thiebaut de Berneaud. *Paris*, 1837, in-8, pl., br. — Lettres sur la botanique, par J.-J. Rousseau. *Paris*, 1840, in-18, br.

268. Exposition des familles naturelles et de la germination des plantes, par Jaume St-Hilaire. *Paris*, 1805, 2 tomes en 4 part. gr. in-8, nombr. figures, br. (*Rare.*)

269. Manuel du cultivateur provençal, par H. Laure. *Toulon*, 1837, in-8, br. (*Tome* 1er.) — Flore des départements méridionaux de la France, par Baron. *Montauban*, 1823, in-8, br.

270. L'Agriculture de l'Allemagne et les Moyens d'améliorer celle de la France, par E. Jacquemin. *Paris*, 1844, in-8, br. — Principes de l'agronomie, par le comte de Gasparin. *Paris, s. d.*, in-8, br. — Théorie de l'horticulture, ou Essais descriptifs sur les principales opérations horticoles, par John Lindley, trad. de l'anglais par Ch. Lemaire. *Paris*, 1841, gr. in-8, br.

271. Guide du botaniste, par E. Germain de Saint-Pierre. *Paris*, 1852, 2 vol. in-12, dem.-bas. v. — L'Herbier des demoiselles, par E. Audouit. Nouv. édit., revue par le D[r] Hœfer. *Paris*, 1865, in-12, fig., dem.-bas. rou.

272. Agriculture française et étrangère. 11 broch. in-8, figures.

Manuel du magnanier pour le midi de la France, par Fabre. 1852. — Parallèle entre l'agriculture de la France et celle de l'Angleterre, par Toucas. 1860. — Plantes phanérogames des environs de Toulon. 1838. — Traité de l'œillet flamand, par le baron de Ponsart. 1841. — Catalogue des plantes vasculaires qui croissent spontanément aux environs de Menton et de Monaco. 1862. — Flore algérienne, par Champy. — Etc.

273. Journal d'horticulture pratique de la Belgique, ou Guide des amateurs et jardiniers, par A. Ysabeau. *Bruxelles*, 1850-56, 6 vol. in-12, figures coloriées, br.

274. Revue horticole, pub. par MM. Poiteau, Vilmorin, Decaisne et du Breuil. *Paris*, avril 1841 à décembre 1856, 15 vol. in-8 et in-12, figures noires et coloriées, br.

275. Faune méridionale, ou Description de tous les animaux vertébrés vivants et fossiles, sauvages ou domestiques, qui se rencontrent dans la plus grande partie du midi de la France, suivie d'une méthode de taxidermie, par J. Crespon. *Nîmes*, 1844, 2 vol. gr. in-8, pl. (74), dem.-bas. v., n. rog. (*Rare.*)

276. Histoire naturelle des insectes selon leurs différentes métamorphoses observées par Jean Goedaert. *La Haye, Moetjens, s. d.*, 3 vol. in-12, titre, portr. et nombr. fig. grav., v. m. (*Très-rare.*)

277. Insectorum species novæ aut minus cognitæ, descriptionibus illustr. auct. E. F. Germar. Volumen primum, Coleoptera. *Halæ*, 1824, in-8, fig., dem.-bas. — Lepidoptera Pedemontana illustr. a Leon. de Prunner. *Augusta Taurinum*, 1798, in-8, br. — Europæorum lepidopterorum index methodicis, auct. J.-A. Boisduval, pars prima, sistens genera papilio, sphinx, bombyx et noctua. Lin. *Parisiis*, 1829, in-8, br.

278. Considérations générales sur la classe des crustacés, par Desmarest. *Paris*, 1825, in-8, pl., br. — Manuel de conchyliologie et de paléontologie conchyliologique, par le Dr Chenu. *Paris, V. Masson*, 1859-60, tome Ier en 2 part. gr. in-8, fig., br.

279. P.-A. Latreille genera crustaceorum et insectorum secundum ordinem naturalem in familias disposita, iconibus exemplisque plurimis explicata. *Parisiis*, 1806, 4 vol. in-8, fig., bas. m. (*Très-rare.*) — Cours d'entomologie, ou de l'Histoire naturelle des crustacés arachnides, myriapodes et insectes, par le même. 1re année. *Paris*, 1831, in-8, br.

280. Monographie des libellulidées d'Europe, par de Selys Longchamps. *Paris*, 1840, in-8, pl., br.

281. Manuel d'ornithologie, par Temminck. 2e édition. *Paris*, 1820-40, parties 1, 2 et 4 en 3 vol. in-8, br.

282. Cours élémentaire de paléontologie et de géologie, par d'Orbigny. *Paris*, *V. Masson*, 1852, 2 vol. in-12, fig., br. — Paléontologie des coquilles et des mollusques, par le même. *Paris*, *Delahays*, 1855, 2 vol. in-8, br.

283. Recherches sur les ossements fossiles, par Georges Cuvier. 4e édit. *Paris*, *Baillière*, 1834-37, 10 tomes en 21 part. in-8, br.

284. Vie, Travaux et Doctrine scientifique d'Etienne Geoffroy Saint-Hilaire, pub. par son fils. *Paris*, 1847. — Fragments scientifiques, par Romieu. *Paris*, 1847. — Origine des fossiles et des continents, par l'abbé Pachon. *Paris*, 1850. — Etudes scientifiques, par Laugel. *Paris*, 1859. — Ens. 4 vol. in-12, br.

285. P. Flourens. Analyse des travaux de G. Cuvier. — Eloges historiques. — De la Vie et de l'Intelligence. — Ontologie naturelle. — Examen du livre de M. Darwin sur l'origine des espèces. — Fontenelle, ou de la Philosophie moderne. *Paris*, 1841-64. Ens. 7 vol. in-12, br.

286. Histoire naturelle générale des règnes organiques, principalement étudiée chez l'homme et les animaux, par J. Geoffroy Saint-Hilaire. *Paris*, *V. Masson*, 1854-56, tome Ier et tome II 1re partie. Ens. 2 vol. gr. in-8, br.

287. Cabanis. Rapports du physique et du moral de l'homme, publ. par le docteur Cerise. *Paris*, 1844. — Bichat. Recherches physiologiques sur la vie et la mort, pub. par le même. *Paris*, 1844. — Roussel. Système physique et moral de la femme, pub. par le même. *Paris*, 1845. — Ens. 3 vol. in-12, br.

288. De l'Homme et de la Femme considérés physiquement dans l'état du mariage, par de Lignac. *Lille*, 1773, 3 vol. in-12, bas. m.

Beaux-arts.

289. Dictionnaire des antiquités romaines et grecques, par A. Rich, trad. de l'angl. par Cheruel. *Paris*, 1859, in-8, nombr. fig., br.

290. Histoire de l'art par les monumens, depuis sa décadence au IVe siècle jusqu'à son renouvellement au XVIe, par Seroux d'Agincourt. *Paris*, 1823, 6 vol. gr. in-fol., dont 4 de texte et 2 de planches (325), dem.-chagr. rou.

291. Revue générale de l'architecture et des travaux publics, publiée par César Daly. *Paris*, années 1840 à 1867, tomes 1 à 25, in-4, brochés en livrais.

292. Dictionnaire raisonné de l'architecture française du XIe au XVIe siècle, par Viollet-le-Duc. *Paris*, 1854-68, 10 vol. in-8, br. et en livraisons.

293. Histoire de l'architecture religieuse au moyen âge, par de Caumont. *Paris*, 1841, in-8, fig. et atlas in-4 obl. de 19 pl., br. (*Rare.*)

294. Abécédaire ou Rudiment d'archéologie (architecture civile et militaire), par de Caumont. *Paris*, 1853, in-8, fig., br. (*Rare.*)

295. Vita di Benvenuto Cellini (pub. par Seb. Artopolita). *In Colonia, s. d.*, in-4, v. gr. — Traité de la peinture de Léonard de Vinci, pub. par Gault de Saint-Germain. *Genève*, 1820, in-8, portrait et figures, dem.-rel.

296. The works of captain William Baillie, after paintings and drawings, by the Greatest mastew. *London, s. d.*, gr. in-fol., maroq. lie de vin, larg. dent. or et à froid.

Curieux et important recueil de l'œuvre du célèbre graveur Baillie.

297. Galerie Leuchtenberg. Texte (allemand) et planches (262). *Francfurt*, 1851, gros in-4, dem.-ch., n. r.

298. Galerie des dames de Byron. *Paris*, 1836, gr. in-8, pap. vél., 39 gravures, chagr. bl., ornem. dor. sur les plats, tr. dor. (*Belles épreuves.*)

299. Recueil de 73 dessins anciens, au crayon. Têtes d'études d'après Raphaël. En un vol. grand in-fol., maroq. rou., large dent. (*Anc. rel. défect.*)

300. Monographie de l'œuvre de Bernard Palissy, suivie d'un choix de ses continuateurs ou imitateurs, dessinée par Carle Delange et C. Borneman. Texte par Sauzay et H. Delange. *Paris*, 1862, gr. in-fol., 100 pl. color., dem.-chag. v.

301. Description des festes données par la ville de Paris, à l'occasion du mariage de Madame Louise-Elisabeth de France et de dom Philippe, infant et grand amiral d'Espagne. *Paris*, 1740, gr. in-fol., planches et vign., maroq. rou. anc., fil., tr. dor. (*Aux armes de la ville de Paris.*)

302. Voyage archéologique et pittoresque en France, par le R. P. Dibdin, trad. de l'anglais par Th. Licquet et Crapelet. *Paris,* 1825, 4 vol. in-8, fig., br.

303. Voyage pittoresque dans les Pyrénées françaises et dans les pays adjacents, ou collection de 72 gravures d'après les dessins de Melling. Texte par Cervini. *Paris*, 1826, in-fol. oblong, dem.-chagr. rou.

304. La Haute-Savoie, récits de paysage et d'histoire, par Francis Wey. Edit. illustrée de 50 grandes lithographies dessinées d'après nature par H. Terry. *Genève et Paris*, 1866, gr. in-fol., cart.

Exemplaire d'hommage au duc de Persigny.

305. Un An à Rome et dans ses environs. Recueil de dessins lithographiés par Thomas. *Paris, Didot*, 1830, in-fol., 72 pl. color., dos et coins chag. rou.

306. Voyage de l'Arabie Pétrée, par Léon de Laborde et Linant. *Paris*, *Giard*, 1830, gr. in-fol., nombr. fig. et vues, dem.-maroq. rou., n. r.

Bel exemplaire.

307. Promptuaire des médalles des plus renommées personnes qui ont été depuis le commencement du monde (par Guil. Roville). *Lyon, Guil. Roville*, 1576-81, 2 part. en un vol. in-4, titre encad. et nombr. fig. grav. sur bois, v. gr. (*Signatures sur le titre, nombr. notes marginales, légères piq. de vers dans la marge infér. des 38 prem. ff.*)

Les figures de médailles sont très-belles d'épreuves. Ouvrage rare.

308. L'Art héraldique, contenant la manière d'apprendre le blason, par Baron. *Paris*, 1678, in-12, figures, v. br. — Code de la noblesse française, par le comte de Sémainville. *Paris*, 1860, gr. in-8, 813 p., br. (*Envoi d'auteur à Meissonnier*.)

309. Devises héroïques, par M. Claude Paradin, chanoine de Beaujeu. *A Lion, par Jan de Tournes et Guil. Gazeau*, 1557, in-8, titre encadr., nombr. figures sur bois, parch. (*Incomplet*.)

310. Traité des tournois, joustes, carousels et autres spectacles publics (par le P. Menestrier). *Lyon*, *Muguet*, 1669, in-4, figures, v. br. (*Rare*.)

Belles-lettres.

311. L'Iliade et l'Odyssée d'Homère, traduction nouvelle par Eug. Bareste. Edit. illustrée par A. Titeux et A. de Lemud. *Paris, Lavigne*, 1843, 2 vol. gr. in-8, figures, dem.-chagr. rou., fil., tr. supér. dor., n. rog.

Bel exemplaire.

312. Les Amours pastorales de Daphnis et Chloé, escrites en grec par Longus et translatées en françois par Jacques Amyot. *A Londres* (*Cazin*), 1780, in-18, v. éc., fil.

Edition ornée d'un frontispice gravé par Coypel, beau d'épreuve dans cet exemplaire.

313. De l'Art poétique, épître d'Horace aux Pisons, trad. par le C. Lefebvre-Laroche. *Paris, imprim. de Didot l'aîné*, 1798, in-18, pap. vél., maroq. citron, fil., dent., tr. dor.

Bel exemplaire de cet ouvrage, tiré à petit nombre et devenu très-rare.

314. Les Fables de Phèdre, affranchy d'Auguste. *Paris*, 1669, in-12, frontisp. grav. et 30 figures en taille-douce, v. br.

Parmi les 30 figures qui ornent cette édition, il y en a de très-jolies dans le genre de Callot.

315. Epistole et varii tractatus Pii secundis Martini : ad diversos in quadruplici vite ejus statu transmisse. (In fine :) *Impresse Lugd. per Johannem de Vingle*, 1497, pet. in-fol., nombr. lettres ornées, bas. (*Nombreuses notes manuscrites sur les marges d'une écriture du temps.*)

316. Histoire de l'admirable don Quichotte de la Manche, traduite de l'espagnol de Michel de Cervantes. *Amst. et Leipzig, chez Arkstée et Merkus*, 1768, 6 vol. — Nouvelles. *Id.*, 2 vol. — Ensemble 8 vol. pet. in-8, portrait, fig. de Coypel, gravées par Folkema et Fokke, cart., *non rognés ni ébarbés.*

Bel exemplaire avec les gravures du premier tirage.

317. Le Diable boiteux, par Le Sage, avec les Entretiens sérieux et comiques des cheminées de Madrid, et les Béquilles dudit diable. *Amsterdam, P. Mortier*, 1739, 2 tomes en 1 vol. pet. in-12, figures, dem.-rel., *non rogné.*

Exemplaire broché, peu commun dans cet état.

318. Histoire de Gil Blas de Santillane, par Le Sage. *Paris, Lefebvre*, 1825, 3 vol. in-8, pap. vél., portr., br.

319. Histoire de Gil Blas de Santillane, par Lesage. Vignettes par Jean Gigoux. *Paris, Paulin*, 1835, gr. in-8 illustré, dem.-maroq. vert, tr. supér. dor., n. rog.

Bel exemplaire.

320. Les Nuits d'Young, traduites de l'anglais par Le Tourneur. *Paris, Le Jay*, 1770, 4 vol. in-8, front., fig., v. fauve, fil., tr. dor.

Bel exemplaire.

321. Lettres de lord Chesterfield à son fils Philippe Stanhope, trad. par A. Rénée. *Paris, Labitte*, 1842, 2 vol. in-12, br. (*Rare.*)

322. Les Moines de Kilcré, poëme-ballade, traduit de l'anglais par le chevalier de Chatelain. *Londres, Pickering*, 1858, in-12, figure et vign., cart. percal., n. rog.

323. Dictionnaire de la langue française, par E. Littré. *Paris, Hachette*, 1873-74, 4 vol. gr. in-4, dem.-chagr. n.

324. Dictionnaire des abréviations latines et françaises du

moyen âge, par Alph. Chassant. *Paris*, 1862, in-12, pap. vergé, br.

325. Dictionnaire provençal-français, ou Dictionnaire de la langue d'Oc ancienne et moderne, par S.-J. Honorat, de Marseille. *Digne*, 1846-47, 3 vol. in-4, dem.-bas.

326. L'Art poétique du sieur Colletet, où il est traité de l'épigramme, du sonnet, du poëme bucolique, de l'églogue, de la pastorale et de l'idyle, de la poésie morale et sententieuse. Avec un Discours de l'éloquence et de l'imitation des anciens. Un autre Discours contre la traduction et la nouvelle morale du mesme autheur. *Paris, Ant. de Sommaville et Chamhoudry*, 1658, in-12, cart. (*Cachet au bas du titre et mouillures.*)

Edition originale.

327. Bibliothèque poétique, ou Nouveau Choix des plus belles pièces de vers en tout genre depuis Marot jusqu'aux poëtes de nos jours (par Le Fort de La Morinière, avec une introduction par l'abbé Goujet). *Paris, Briasson*, 1745, 4 vol. in-4, pap. de Holl., v.

328. La Gaule poétique, par M. de Marchangy. *Paris*, 1824-25, 6 vol. in-8, portr. sur chine, br.

329. Les Poëtes français depuis le XIIe siècle jusqu'à Malherbe. *Paris, imprim. de Crapelet*, 1824, 6 vol. in-8, pap. verg., br.

330. Contes et Nouvelles en vers, par La Fontaine. *Paris, imprim. de Didot*, 1796, 2 vol. in-8, portr. gr. par Ficquet, d'après Rigaud, et figures d'Eisen, dem.-bas. mar., n. rog.

Exemplaire en papier vélin, relié sur brochure.

331. Fables de La Fontaine. Edition illustrée par J.-J. Granville. *Paris, Fournier et Perrotin*, 1838, 2 vol. in-8, nombr. fig., dem.-maroq. rou. du Levant, av. coins, tr. supér. dor., dos ornés, n. rog.

Bel exemplaire.

332. Ouvrages de prose et de poésie des sieurs de Maucroy et de La Fontaine. *Paris, Claude Barbin*, 1685, 2 tomes en 1 vol. in-12, v. br.

Edition originale.

333. Les Amours de Psyché et de Cupidon, précédé du poëme d'Adonis, par La Fontaine. *Paris, chez Coiny, graveur, s. d.*, 2 vol. in-18, pap. vél., figures de Coiny avant la lettre, cart., n. rog. (*Légères piq. d'humidité.*)

334. Adonis, poëme par J. de La Fontaine, pub. par Walckenaer. *Paris, chez Simier*, 1825, in-8, gr. pap. vél., dem.-rel. cuir de Russie, n. rog. — Opuscules inédits de J. de La Fontaine, pub. par M. de Monmerqué. *Paris*, 1820, in-8, 59 p., br.

335. Poésies de Théodore de Banville. Occidentales, rimes dorées, rondels. *Paris, Lemerre*, 1875, in-12, eaux-fortes, br. (*Envoi d'auteur sur le titre.*)

336. Le Paria, tragédie en 5 actes, par Casimir Delavigne. *Paris, Barba*, 1821. — Le Gueux, ou la Parodie du Paria, par MM. Théaulon, Dartois et Ferdinand. *Paris*, 1822. — Messénienne de lord Byron. — Sur la mort de lord Byron, par Casimir Delavigne. — Epître à M. de Lamartine, par le même. *Paris, Ladvocat*, 1824. — Ens. 5 broch. in-8.

Editions originales.

337. Odes et Poésies diverses, par Victor-M. Hugo. *Paris, Pélicier*, 1822, in-18, br.

Deuxième édition, devenue très-rare.

338. Victor Hugo. Etude sur Mirabeau. *Paris, Guyot et Urb. Canel*, 1834, in-8, br. — Le Génie, ode à M. le vicomte de Chateaubriand, par le même. *Paris, Boucher et Pélicier*, 1820, in-8, 7 p., br.

Editions originales, très-rares.

339. La Mort de Socrate, poëme, par A. de Lamartine. *Bruxelles*, 1823, in-8, vign. sur le titre, br.

Edition originale.

340. La Mort de Socrate, poëme, par A. de Lamartine. *Paris*, 1823, in-8, vignette sur le titre, br. (*Piq. d'humidité.*)

Edition originale.

341. Nouvelles Méditations poétiques, par A. de Lamartine. *Paris, Urb. Canel*, 1823, in-8, dem.-rel. (*Piqûres d'humidité.*)

Edition originale.

342. Epîtres, par M. Alph. Lamartine. *Paris, Urb. Canel*, 1825, in-8, br.

Edition originale.

343. Le Dernier Chant du pèlerinage d'Harold, par Alph. de Lamartine. *Paris*, 1825, in-8, br. (*Rare.*)

Edition originale.

344. Histoire de la poésie provençale, par C. Fauriel. *Paris*, 1846, 3 vol. in-8, br.

345. Le Troubadour, poésies occitaniques du XIIIe siècle, trad. et publiées par Fabre d'Olivet. *Paris*, an XI-1803, 2 vol. in-8, titres gr., br.

346. Choix des poésies originales des troubadours, par Raynouard. *Paris, imprim. de Didot*, 1816-21, 6 vol. gr. in-8, pap. vélin, dem.-bas. mar., n. rog. (*Légères piqûres d'humidité.*)

347. CHANSONNIERS. 5 vol. in-12 et in-18, brochés.

Béranger : Chansons nouvelles. 1825. — Le Page : Chansons politiques et autres. 1841. — Le Chansonnier des Variétés, 1825. — Le chansonnier des théâtres. 1825. (*Première année, très-rare.*) — Almanach des Muses. 1790.

348. AMPHYTRION, comédie de J.-B. P. de Molière. *Paris, Claude Barbin*, 1674, in-12, fleurons sur le titre, 4 ff. prélim., titre compris, 88 p., parch.

Edition restée inconnue à Brunet. Bel exemplaire. *Haut.* 150 *mill.*

349. Œuvres complètes de Molière, pub. par J. Taschereau. *Paris, Furne*, 1863, 6 vol. in-8, portrait et figures sur chine, dem.-v. fauve.

Bel exemplaire.

350. Œuvres de P. Corneille, pub. par Marty-Laveaux. *Paris, Hachette*, 1862, 13 vol. in-8, portr., fig., dem.-chagr. rou., tr. peign.

Bel exemplaire de la Collection des grands écrivains.

351. Les Œuvres de M. Regnard. *A Paris, chez Pierre Ribou*, 1714, 2 vol. in-12, frontisp. gr., figures, v. br. (*Légère cassure à la page* 333.)

Même édition que celle de 1708 ; on y a également ajouté le Légataire et la critique.

Bel exemplaire. *Haut.* 162 *mill.*

352. Le Théâtre de M. Quinault, contenant ses tragédies, comédies et opéras, avec une dissertation sur l'origine de l'opéra. *Paris, P. Ribou*, 1715, 5 vol. in-12, frontisp. gr., fig., v. f., fil. (*Mouillures.*)

353. Théâtre de Clara Gazul, comédienne espagnole (par Prosper Mérimée). *Paris, Sautelet*, 1825, in-8, br. (*Très-rare.*)

Edition originale.

354. Théâtre. 12 pièces in-8, br.

A. Soumet. Jeanne d'Arc, tragédie. 1825. — Clytemnestre, tragédie, par le même. 1822. — L'Auberge des Adrets, mélodrame. — Le Maire du palais, tragédie, par Ancelot. — Etc.

355. Le Trésor littéraire de la France (les prosateurs), publ. par une société de gens de lettres. *Paris*, 1866, gr. in-8 illustré, dem.-bas. br.

356. Petit Traité de Arnalte et Lucenda. *Lyon, Benoist Rigaud*, 1583, in-16, vign. sur le titre, parch. (*Fortement mouillé.*)

Exemplaire à toutes marges de cet ouvrage rare.

357. Mémoires de la cour d'Espagne (par Mme d'Aulnoy). *La Haye, Adr. Moetjens*, 1691, 2 part. en 1 vol. pet. in-12, v. (*Cassure au feuillet 75, et piqûres d'humidité.*)

358. FÉNELON. Les Aventures de Télémaque. — Œuvres diverses. *Paris, Lefèvre*, 1824. Ens. 3 vol. in-8, pap. vél., portr., dem.-v. f., dos orn., n. rog. (*Légères piqûres d'humidité.*)

359. Les Aventures de Télémaque, par Fénelon, pub. par Jules Janin. Edition illustrée par Tony Johannot. *Paris, E. Bourdin, s. d.*, gr. in-8, fig. sur chine, dem.-maroq. vert, tr. supér. dor., n. rog.

360. Ourika (par Mme la duchesse de Duras). *Paris, Ladvocat*, 1824, in-12, pap. vél., dem.-v., n. rog.

Rare. Tiré à très-petit nombre.

361. Angola, histoire indienne, ouvrage sans vrai-semblance (par de La Morlière). *A Agra, avec privilége du Grand Mogol*, 1748, 2 vol. in-12, jolis titres gravés par Tardieu, brochés. (*Rare.*)

362. Paul et Virginie, suivi de la Chaumière indienne, par J.-H. Bernardin de Saint-Pierre. *Paris*, 1823, gr. in-8, titre grav., carte, jolies figures de Desenne, dem.-maroq. bl., n. rog. (*Piq. d'humidité.*)

Jolie édition, tirée à petit nombre. Exemplaire en grand papier vélin.

363. Le Bonnet vert, par J. Méry. *Paris*, *Boulland*, 1830, in-8, figure coloriée de Henri Monnier et vignette de Tony Johannot sur le titre, cart. à la Behrends, n. rog.

Edition originale.

364. Nostradamus, par Hippolyte Bonnelier. *Paris*, *Abel Ledoux*, 1833, 2 vol. in-8, fig., cart. à la Behrends, n. rog. (*Rare.*)

Edition originale. Exemplaire bien complet, avec les deux eaux-fortes de Boisselat, qui manquent à beaucoup d'exemplaires.

365. Gaule et France, par Alex. Dumas. *Paris*, *Urb. Canel*, 1833, in-8, br.

Edition originale.

366. Albertus, ou l'Ame et le Péché, légende théologique, par Théophile Gautier. *Paris*, *Paulin*, 1833, in-12, dem.-v. ant.

Edition originale.

367. La Caravane des morts, par Ernest Fouinet. *Paris*, *Masson et Duprey*, 1836, 2 vol. in-8, cart. à la Behrends, n. rog.

Edition originale.

368. Les Oracles d'amour, ou Dialogues amovreux pris de divers autheurs de ce siècle. *Amor facit esse disertum. S. l. n. d.*, in-16 car., parch.

Manuscrit très-curieux, d'une jolie écriture de la fin du XVIe siècle, de 385 pages de texte, titre non compris, et 13 pages de table. Contenant quarante-neuf dialogues galants, dont quelques-uns très-piquants, parmi lesquels on remarque les suivants :

Ung amant poussé par la véhémence de son amour déclare ses affections à sa maîtresse. — Ung amant ayant jouy pendant un festin de la vue agréable de sa maîtresse, celluy finy lui adressa ces paroles, etc. — Ung amant désireux de découvrir les feux de son amour à la dame de son cœur. — Ung amant pendant la course de ses amours ravy en l'admiration des beautez de sa maîtresse luy adresse telles paroles. — Un pasteur rencontrant la nymphe dédaigneuse en son chemin ainsy l'accoste. — Un cavalier prisonnier en Flandres devint amoureux d'une dame de ce païs. — Un cavalier prisonnier de l'archiduc rencontra de fortune sa maîtresse à Bruxelles, ce qui l'estonna extrêmement et l'incita en l'abordant à lui tenir ce langage. — Etc.

369. Les Azolains de Monseigneur Bembo, de la nature d'amour, traduictz de l'italien, par Jean Martin, secrétaire du cardinal de Lenoncourt. *A Lyon, chez Philibert Rollet*, 1551, in-16, titre encadr., 566 p., v. br.

Ouvrage rare, dans sa première reliure, au chiffre de François II.

370. Les Historiettes de Tallemant des Réaux. Mémoires pour servir à l'histoire du XVIIe siècle, publ. par M. Monmerqué. 2e édit. *Paris, Delloye*, 10 vol. in-12, portraits, br.

371. Précieux et Précieuses, caractères et mœurs littéraires du XVIIe siècle, par Ch.-L. Livet. *Paris*, 1859, in-8, br.

372. Lettres d'amour d'une religieuse, escrites au chevalier de C***, officier françois en Portugal. *Cologne, Pierre du Marteau (à la Sphère)*, 1669, pet. in-12, parch. (*Titre raccommodé.*)

373. Les Bravacheries du capitaine Spavente, divisées en plusieurs discours en forme de dialogue, de F. Andreini de Pistoie, comédien de la Compagnie des Jaloux, traduictes par J. D. F. P. (J. de Fonteny). *Paris, Le Clerc*, 1608, pet. in-12, cart. (*Mouillures.*)

374. La Vie et Aventures de Lazarille de Tormes, escrites par lui-même, trad. de l'espagnol (par G. de Backer). *Brusselles*, 1698, 2 tomes en 1 vol. pet. in-12, fig., v. br. (*Manque le titre du tome Ier.*)

On trouve dans cette édition les figures d'Harrewyn en premier tirage. (Voir Cohen, *Manuel de l'amateur de livres à figures*, page 106.)

375. L'Eloge de la folie, trad. du latin d'Erasme, par Gueudeville. *S. l.*, 1757, in-12, fig. d'Eisen, v. — Le même ouvrage. *S. l.*, 1771, in-12, fig., v.

376. Caquet-bonbec, ou la Poule à ma tante, poëme badin (par de Junquières). *S. l.*, 1785, in-18, fig., vignettes et culs-de-lampe de Marillier, broché.

Exemplaire en papier vergé.

377. Traité des eunuques (par Ancillon). *S. l.* (*à la Sphère*), 1707, in-12, dem.-maroq. citron, av. coins, tr. supér. dor., n. rog.

Bel exemplaire.

378. Sermon pour la consolation des cocus, prononcé au

sujet A*** B***, cocu par arrest. *A Rouane*, 1833, in-18, dem.-maroq. citron avec coins, tr. supér. dor., n. rog.

Bel exemplaire.

379. La Chézonomie, ou l'Art de ch..., poëme didactique en quatre chants, par Ch. R*** (Rémard). *A Scôropolis*, 1806, in-12, dem.-maroq. citron, av. coins, tr. supér. dor., n. rog.

Bel exemplaire.

Histoire de France.

380. Abrégé de géographie, par Adrien Balbi. *Paris*, *Renouard*, 1840, gr. in-8 de 1361 pages, dem.-v. ant., dos orn.

381. Nouvelle Description de la France, par Piganiol de La Force. *Paris*, 1752-54, 15 vol. in-12, fig., v. m.

382. Dictionnaire historique et critique de Pierre Bayle. *Paris*, *Desoer*, 1820, 14 vol. — Table et Dissertations, 2 vol. — Ens. 16 vol. in-8, br.

383. Le Grand Dictionnaire historique, ou le Mélange curieux de l'histoire sacrée et profane, etc., par Louis Moreri. *Amst.*, 1740, 8 vol. — Supplément. *Paris*, 1749, 2 vol. — Ens. 10 vol. in-fol., v. m.

384. Th. Berlier. Guerres des Gaules. — Précis historique de l'ancienne Gaule. *Paris*, 1822-25, 2 vol. in-8, br. — Les Francs, poëme, par Lesur. *Paris*, 1797, in-8, br.

385. Histoire de la décadence de l'empire après Charlemagne, par le P. Maimbourg. *Paris*, 1686, in-12, parch. — Relation de la conduite de la cour de France. *Leyde*, 1665, in-12, v.

386. Collection des Mémoires relatifs à l'histoire de France, pub. par Guizot. *Paris*, *Brière*, 1823-26, 29 vol. in-8, br. (*Manque l'introduction et la table.*)

387. Collection des Mémoires relatifs à l'histoire de France,

pub. par MM. Petitot et Monmerqué. *Paris*, *Foucault*, 1re série, 1824-26, 50 vol. — 2e série. 1820-26, 52 tomes en 53 vol. — Ens. 103 vol. in-8, br. (*Manquent les tomes 17 et 18 de la 1re série, et les tomes 1 et 2 de la 2e série.*)

388. Archives curieuses de l'histoire de France, depuis Louis XI jusqu'à Louis XVIII, pub. par Cimber et Danjou. *Paris*, 1re série, de 1834 à 1837, 15 tomes en 8 vol. — 2e série, de 1837 à 1840, 12 tomes en 6 vol. — Ens. 14 vol. in-8, dem.-v. vert.

Bel exemplaire.

389. Les Chroniques de Jean Froissart, pub. par Buchon. *Paris*, *Verdière*, 1824-26, 15 vol. in-8, br.

390. Chroniques d'Enguerrand de Monstrelet, pub. par Buchon. *Paris*, *Verdière*, 1826-27, 15 vol. in-8, br.

391. Lacretelle. Histoire de France pendant les guerres de religion, 4 vol. — Histoire de France pendant le xviiie et le xixe siècle, 14 vol. *Paris*, 1814-26. Ens. 18 vol in-8, dem.-v. f. (2 *volumes ont leur reliure un peu fatiguée.*)

392. Les Résolutions politiques, ou Maximes d'Etat du sieur Jean de Marnix, baron de Potes, etc. *A Bruxelles*, *Jean Mommart*, 1612, in-4, titre grav., maroq. rou., fil., compart., tr. dor. (*Fortes piqûres de vers aux ff. 1 à 60.*)

Ouvrage très-rare, dédié au prince Albert, archiduc d'Autriche, duc de Bourgogne, dans une jolie reliure ancienne bien conservée.

393. Satyre Ménippée de la vertu du catholicon d'Espagne, et de la tenue des Estats de Paris (par P. Le Roy, Gillot, Passerat, Rapin et autres). *Ratisbonne*, *Kerner*, 1714, 3 vol. in-8, figures, v. m.

394. Le Parfait Capitaine (par le duc de Rohan). *Paris*, 1642, in-12, parch. (*Piq. d'humidité.*) — Histoire du roy Henry le Grand, par H. de Péréfixe. *Amst.*, *Elzev.*, 1661, in-12, parch. (*Taches.*) — Bouclier d'Estat et de justice. *Bruxelles*, *Foppens*, 1668, in-12, v. f. (*Court de marges.*)

395. Mémoires de M. de Montrésor. *Cologne*, *J. Sambix* (*à la Sphère*), 1664, 2 vol. pet. in-12, v. br. (*Haut. 130 mill.*)

396. Mémoires du maréchal de Bassompierre. *Cologne*,

P. du Marteau, 1665, 3 vol. pet. in-12, v. (*Rel. fatiguée et taches.*)

397. L'Estat de l'empire d'Allemagne, par d'Alquie. *Amst.* (*à la Sphère*), 1669, in-12, parch. — Les Affaires qui sont aujourd'hui entre les maisons de France et d'Autriche. (*A la Sphère*), 1648, in-12, parch.

398. Les Mémoires de la reyne Marie de Médicis. *Paris*, 1666, in-12, v. — Anecdotes de Florence, ou l'Histoire secrète de la maison de Médicis, par de Varillas. *La Haye*, 1685, in-12, v. — Histoire de dona Olimpia Maldachini. *Leyde*, 1666, in-12, v. — Histoire des procédures criminelles, de Nadasti, Pierre de Zérin, etc. *Amst.*, 1672, in-12, parch.

399. Louis XIV et son Siècle, par Alex. Dumas. *Paris*, 1856, 2 vol. gr. in-8, illustrés, br.

400. Mémoires complets et authentiques du duc de Saint-Simon, sur le siècle de Louis XIV et la Régence. *Paris*, *Delloye*, 1840-41, 40 vol. in-12, br.

401. Mémoires du duc de Villars. *La Haye*, 1734, 2 vol. in-12, v. (*Armoiries.*) — Mémoires du comte de Brienne. *Amst.*, 1719, 3 vol. in-12, v. br.

402. Mémoires sur la vie de Mlle de Lenclos (par Bret). *Amst.*, 1775, 2 part. en 1 vol. in-12, portr., v. — Les mêmes. *Paris*, 1751, pet. in-12, v. — Lettres de Ninon de Lenclos au marquis de Sévigné. *Amst.*, 1757, 2 vol. in-12, portr., v.

403. Le Gazetier cuirassé, ou Anecdotes scandaleuses de la cour de France (par Théveneau de Morande). *Imprim. à cent lieues de la Bastille*, 1771, in-12, v. (*Rare.*)

404. Mémoires des Sanson, sept générations d'exécuteurs, pub. par H. Sanson. *Paris*, 1863, 4 vol. gr. in-8, br. (*Tomes 1 à 4.*)

405. La Tribune française, choix des discours et des rapports les plus remarquables prononcés dans nos assemblées parlementaires depuis 1789 jusqu'en 1840, pub. par Aug. Amic et Et. Moutet. *Paris*, 1840, 2 forts vol. gr. in-8, portr., br. (*Peu commun.*)

406. Louis XVI (sur). 9 vol. in-8, br. et cart.

Mémoires de Cléry. — Louis XVI peint par lui-même. — Captivité de Louis XVI. — Les Otages de Louis XVI et de sa famille. — Le 21 Janvier, par M. de Chateaubriand. — Etc.

407. Marie-Antoinette (sur). 8 vol. in-8, br. et cart., n. rog.

Mémoires du comte Alex. de Tilly, ancien page de la reine Marie-Antoinette. *Paris*, 1830. — Souvenirs sur Marie-Antoinette, par Mme la comtesse d'Adhémar. *Paris*, 1836. — Mémoires de Mlle Bertin sur Marie-Antoinette. *Paris*, 1824. — Journal de Mme Campan. *Paris*, 1824, 1 vol. — Marie-Antoinette à la Conciergerie, par de Robiano. 1824.

408. Vie de L.-J. de Bourbon-Condé, par Cl.-Ant. Chambelland. *Paris*, 1819, 3 vol. in-8, br. — Correspondance de Louis-Philippe-Joseph d'Orléans, pub. par L. C. R. *Paris*, 1801, in-18, portr., br.

409. Histoire de la Révolution française, par M. A. Thiers. *Paris*; *Lecointe*, 1834, 10 vol. in-8, nombr. figures et portraits, dem.-bas. br., dos ornés.

410. Avant, pendant et après la Terreur, échos des gazettes françaises indépendantes, publiées à l'étranger de 1788 à 1794, par Eug. de Mirecourt. *Paris*, 1866, 3 vol. gr. in-8, br. (*Tomes 1 à 3, seuls parus.*)

411. L'Ancien Régime et la Révolution, par Alex. de Tocqueville. *Paris*, 1856, in-8, br. — Politique de la Restauration, en 1822 et 1823, par le comte de Marcellus. *Paris*, 1853, in-8, br. — La Grandeur possible de la France, par Raudot. *Paris*, 1851, in-8, br.

412. Essais historiques sur les causes et les effets de la révolution de France, par C.-F. Beaulieu. *Paris*, 1801-3, 6 vol. in-8, dem.-bas. (*Raccom. au titre du tome 1er.*)

413. Les Fastes de l'anarchie, ou Précis chronologique des événements mémorables de la Révolution française, depuis 1789 jusqu'en 1804, par le comte Achille de Jouffroy. *Paris*, 1820, 2 vol. in-8, dem.-bas. v. — Histoire secrète du Tribunal révolutionnaire, par de Proussinalle. *Paris*, 1815, 2 vol. in-8, br. (*Tomes 1 et 2.*)

414. Histoire de la Révolution de France pendant les dernières années du règne de Louis XVI, par A.-F. Bertrand de Molleville. *Paris*, 1801, 5 vol. gr. in-8, v. rac.

Ouvrage devenu très-rare.

415. Collection des Mémoires relatifs à la Révolution française, pub. par Berville et Barrière. *Paris, Beaudouin*, 1821-25, 51 vol. in-8, br.

416. Journal de la Société des amis de la Constitution monarchique (pub. par Laclos). *Paris*, du 18 décembre 1790 (origine) au 11 juin 1791, 26 nos en 3 vol. in-8, dem.-bas. (*Très-rare.*)

417. Le Nouvel Homme gris, éphémérides politiques constitutionnelles, par Cugnet de Montarlot, Cauchois-Lemaire et Brissot-Thivars. *Paris*, 1818-19, 21 nos en 2 vol. in-8, dem.-bas.

418. Lettres bougrement patriotiques du véritable Père Duchêne (Hébert). *Paris*, 1790-1792, 400 nos en 5 vol. in-8, bas. m. (*2 ff. du 16e no sont presque rognés à la lettre.*)

La réunion de ces 400 numéros est très-rare.

419. Hébert. Je m'en fouts, — nous sommes foutus. — C'est foutu. Jean Bart, ou suite de Je m'en f...., etc. *De l'imprim. de Jean Bart*, 1790-1791, 179 nos en 2 vol. in-8, bas. m. (*Mouillures.*)

420. Les Sabats jacobites (par Marchant). *Au Palais-Royal*, 1791, nos 1 à 75 en 3 vol. in-8, figures, br. (*Mouillures.*)

421. L'Accusateur public, par Richer Serizy. *Paris*, 1817, nos 1 à 34 en 2 vol. in-8, curieuses gravures, dem.-v. ant., n. rog.

422. Emigrés (sur les). 5 vol. in-8, br.

Marquis de Marcillac : Souvenirs de l'émigration. 1825. — Lally-Tolendal : Défense des émigrés français. 1797. — Correspondance originale des émigrés. 1793. — Etc., etc.

423. Dictionnaire des Jacobins vivans. *Hambourg*, 1799, in-12, figure, br. — Petite Biographie conventionnelle. *Paris*, 1816, in-12, fig., br. — Almanach du Père Gérard, pour 1792, par Collot d'Herbois. *Paris*, 1792, in-18, br. — Manuel du citoyen. *Paris*, 1791, in-12, br.

424. Politique pendant la Révolution. 8 vol. in-8, br. et rel.

Sieyès : Qu'est-ce que le Tiers-État ? — Qu'est-ce que l'Assemblée nationale. — De l'Assemblée constituante. — Frénilly : Des Assemblées représentatives. — Ganilh : De la Contre-révolution en France. — Etc.

425. Burke (Ed.). Réflexions sur la Révolution de France,

Paris, 1823, in-8, dem.-v. ant., n. rog. — Œuvres posthumes de Burke sur la Révolution française. *Londres*, 1799, in-8, dem.-bas. (*Rares.*)

426. Histoire du Consulat et de l'Empire, par A. Thiers. *Paris, Paulin et Lheureux*, 1845-62, 20 vol. in-8, br. (*Plusieurs volumes sont débrochés.*)

427. Histoire du Consulat et de l'Empire, par A. Thiers. *Paris, Paulin*, 1849-60, 17 vol. in-8, figures, br. (*Tomes 1 à 17.*)

428. Mémoires pour servir à l'histoire de France sous le gouvernement de Napoléon Bonaparte, par J.-B. Salgues. *Paris*, 1814-26, 9 vol. in-8, portr., br.

429. Histoire de l'empereur Napoléon, par Laurent de l'Ardèche, illustrée par Horace Vernet. *Paris*, *Dubochet*, 1839, gr. in-8, nombr. fig., dem.-chagr. viol.

Bel exemplaire.

430. Napoléon en Egypte, Waterloo et le fils de l'homme, par Barthélemy et Méry. Edition illustrée par Horace Vernet et Hippolyte Bellangé. *Paris*, *E. Bourdin*, *s. d.*, gr. in-8, dem.-maroq. bl., tr. supér. dor., n. rog.

Bel exemplaire.

431. Mémorial de Sainte-Hélène, par le comte de Las-Casés. Illustré par Charlet. *Paris*, *E. Bourdin*, 1842, 2 vol. gr. in-8, nombr. vign. et fig. sur chine, maroq. rou., fil., ornem. sur les plats, tr. dor.

Bel exemplaire.

432. Napoléon Ier. 13 vol. ou brochures relatives à son règne.

Mémoires sur le Consulat de 1799 à 1804, par un ancien conseiller d'État. — Mémoires sur les Cent-Jours, par Benjamin Constant. — Napoléon en exil à Sainte-Hélène, par Barry O'Meara. — Etc.

433. Montlosier (le comte de). De la Monarchie française depuis la seconde Restauration jusqu'à la fin de la session de 1816, au 1er mars 1822 et au 1er janvier 1824. *Paris*, 1818-24, 3 vol. — Mémoire à consulter sur un système religieux et politique tendant à renverser la religion, la société et le trône. *Paris*, 1826, 1 vol. — Ens. 4 vol. in-8, br. et dem.-bas.

434. Louis XVIII (sur). 4 vol. ou broch. in-8 et in-12.

A. de Beauchamp : Vie de Louis XVIII. 1824. — Correspondance et écrits politiques de Louis XVIII. 1824. — De la Conspiration qui a obligé Louis XVIII à quitter son royaume. — Etc.

435. Annuaire historique universel, par C.-L. Lesur. *Paris*, années 1821 à 1824, 4 vol. gros in-8, br.

436. Mémoires de Caussidière, ex-préfet de police et représentant du peuple. *Paris*, 1849, 2 vol. in-8, br. (*Rare.*)

437. Lettres d'un passant, par Arthur de Boissieu. *Paris*, 1868, in-12, br. (1re *édition.*)

Polygraphes.

438. Les Œuvres d'Estienne Pasquier, contenant ses Recherches de la France. *Amsterdam*, 1723, 2 vol. in-fol., v. fauve.

439. Oraisons funèbres de Bossuet, Fléchier et autres orateurs. *Paris*, *Janet*, 3 vol. in-8, portr., fig., dem.-v. ant., n. rog.

440. Œuvres complètes de Bourdaloue. *Paris*, 1826, 16 vol. in-8, br. (*Piqûres d'humidité.*)

441. Œuvres complètes de Massillon, évêque de Clermont. *Paris*, 1822-25, 13 vol. in-8, portr., dem.-v. vert, n. rog.

442. Œuvres complètes de J.-H. Bernardin de Saint-Pierre, pub. par Aimé Martin. *Paris*, *Lequien*, 1830-31, 12 vol. in-8, portr., fig., br. (*Manque le tome* 4.)

443. Les Œuvres de Boileau-Despréaux, avec des éclaircissements historiques. *Paris*, 1740, 2 vol. in-4, beau portrait grav. par Ravenet, d'après Hyacinthe Rigaud, v. gr. (*Armoiries. Reliure fatiguée.*)

444. Œuvres du chev. de Boufflers. *Paris*, *Barba*, 1828, 2 vol. in-8, portr., br. — Œuvres du cardinal de Bernis. *Paris*, *Delangle*, 1825, in-8, portr., br.

445. Œuvres complètes de Brantôme. *Paris*, *Foucault*, 1847, 8 vol. in-8, br.

446. Œuvres de Régnier, nouv. édition, avec le Commentaire de Brossette publié en 1729. *Paris*, *Lequien*, 1822, in-8, gr. pap., dem.-maroq. bl., n. rog.

Bel exemplaire.

447. Œuvres complètes de Marivaux, pub. par Duviquet. *Paris*, *Gosselin*, 1825-30, 10 vol. in-8, portr., br.

448. Œuvres complètes d'Helvétius. *Paris*, *imprim. de Didot l'aîné*, 1795, 14 vol. in-18, v. rac., fil., tr. dor.

Bel exemplaire.

449. Œuvres de F.-B. Hoffman. *Paris*, 1829, 10 vol. in-8, br. (*Piq. d'humidité.*)

450. Œuvres complètes de Rousseau, pub. par P.-R. Auguis. *Paris*, *Dalibon*, 1825, 27 vol. in-8, pap. vél., br., et 4 livraisons gr. in-8 contenant 30 figures de Devéria tirées sur chine.

Bel exemplaire.

451. Œuvres de Thomas. *Paris*, *Moutard*, 1773, 4 vol. — Eloge de Marc-Aurèle. 1 vol. — Ens. 5 vol. in-8, 2 frontisp. gravés par Saint-Aubin et 6 portraits en médaillons, v. rac., dent., tr. dor.

452. Œuvres complètes de Voltaire. *Paris*, *Renouard*, 1819-25, 66 vol. in-8, fig. de Moreau, dem.-rel., non rogn.

Paris et les provinces.

453. Description historique de la ville de Paris et de ses environs, par M. Piganiol de La Force. *Paris*, 1765, 10 vol. in-12, cartes et figures, v. m.

Bel exemplaire.

454. Tableau historique et pittoresque de Paris, depuis les

Gaulois jusqu'à nos jours, par J.-B. de Saint-Victor. *Paris*, 1822-27, 4 tomes en 8 vol. in-8, br. (*Peu commun.*)

455. Nouvelle Histoire de Paris et de ses environs, par J. de Gaulle, avec des notes et une introduction par Ch. Nodier. *Paris*, *Pourrat*, 1841, gr. in-8, figures remontées, dem.-v. rose.

456. La Seine et ses Bords, par Ch. Nodier. *Paris*, 1836, in-8, figures, br. (*Rare.*)

457. Le Jardin des Plantes, description complète, historique et pittoresque, par MM. P. Bernaud, L. Couailhac, Gervais et Emm. Lemaout. *Paris*, *Curmer*, 1842, 2 vol. gr. in-8, portr., figures noires et coloriées, dem.-bas verte.

Exemplaire du premier tirage.

458. Histoire anecdotique des barrières de Paris, par Alfred Delvau. *Paris*, 1865, in-12, 10 eaux-fortes de E. Thérond, br.

459. Histoire de Villers-Cotterets, la ville, le château, la forêt et les environs, par Alex. Michaux. *Soissons*, 1867, in-4, fig., br. (*Griffonnages sur le titre.*)

460. Histoire des ducs de Bourgogne de la maison de Valois, 1364-1477, par de Barante. 3e édit. *Paris*, *Ladvocat*, 1824-26, 13 vol. in-8, br.

461. Relation des entrées solennelles, dans la ville de Lyon, de nos rois, reines, princes, princesses, depuis Charles VI jusques à présent. *Lyon*, 1752, in-4, dem.-rel. toile. (*Légères cassures aux pages* 2 *à* 4; *titre et un feuillet tachés.*)

462. La Nouvelle Agriculture, ou Instruction générale pour ensemencer toutes sortes d'arbres fruictiers, etc., par Pierre de Quiqueran de Beaujeu, évesque de Senez. *A Tournon, pour Robert Reignaud, libraire juré d'Arles*, 1616, v. fil.

Ouvrage très-rare, traitant spécialement de l'agriculture provençale, traduit par F. de Claret, archidiacre de l'église d'Arles. Bel exemplaire.

463. Histoire de la Gaule méridionale sous la domination des conquérants germains, par Fauriel. *Paris*, *Paulin*, 1836, 4 vol. in-8, br.

464. Histoire générale de Provence (par Papon). *Paris*, 1777-86, 4 vol. in-4, cartes et fig., v. m. (*Rare.*)

465. Abrégé de l'histoire de Provence, par Pierre Louvet. *Aix, Léon Tetrode*, 1676, 2 vol. pet. in-12, frontisp. grav., portraits, v. br. (*Rare.*)

466. Les Statuts et Coustumes du pays de Provence, commentées par M. Jacques Morgues. *Aix*, 1658, in-4, cart. (*Mouillures.*)

467. Abrégé chronologique de l'histoire d'Arles, par de Noble Lalauzière. *Arles*, 1808, in-4, pl., cart., n. rog.

Pays étrangers.

468. Histoire d'Angleterre, par le baron de Roujoux, pub. par MM. Ch. Nodier et le baron Taylor. *Paris*, 1839, 3 vol. gr. in-8, illustrés, dem.-chagr. v.

469. Histoire des révolutions d'Angleterre. *Amst.*, 1689, in-12, v. — Relation de l'accroissement de la papauté en Angleterre. *Hambourg*, 1680, in-12, parch.

470. La Vie de la reine Elisabeth, reine d'Angleterre, trad. de l'italien de Grég. Leti. *Amst.*, 1694, 2 vol. in-12, nombr. portraits, v. br. — Histoire de la réformation de l'Eglise d'Angleterre, trad. de l'angl. de Burnet, par de Rosemond. *Amst.* (*au Quærendo*), *Wolfgang*, 1687, 2 vol. in-12, portr., parch.

471. Voyage en Italie, par Jules Janin. *Paris*, *E. Bourdin*, 1839, gr. in-8 illustré, dem.-maroq. bl., tr. supér. dor., n. rog.

Bel exemplaire.

472. Histoire de l'empire romain, par Laurentie. *Paris*, 1862, 4 vol. in-8, br.

473. Lascaris, ou les Grecs du xve siècle, par M. Villemain. *Paris*, *Ladvocat*, 1825, in-8, br. (*Rare.*)

474. L'Inde anglaise en 1843-1844, par le comte E. de Warren. *Paris*, 1845, 3 vol. in-8, dem.-maroq. vert, tr. supér. dor., n. rog. (*Belz-Niédrée.*)

Bel exemplaire lavé et encollé.

475. Exploration du Sahara. Les Touareg du Nord, par H. Duveyrier. *Paris*, 1864, gr. in-8, pl. et carte, br.

476. Viaggi d'Amerigo Vespucci, del Padre S. Canovai. *Firenze*, 1817, in-8, br. — Mémoires du général Morillo sur ses campagnes en Amérique. *Paris*, 1826, in-8, br. — Nouvelle Relation d'un voyage fait aux Indes orientales, par Dellon. *Amst.*, *s. d.*, in-12, fig., v.

Biographie.

477. Réflexions morales de l'empereur Marc-Antonin. *Paris, Claude Barbin*, 1690, in-12 réglé, maroq. rou., doublé, dent. intér., tr. dor.

Tome second, contenant la vie de Marc-Antonin. Exemplaire aux armes de Jean d'Estrée.

478. La Vie du roy Almansor, écrite par Aly Abençufian. *Amst.*, *Elsev.*, 1671, in-12, v. (*Taches.*) — Histoire du grand Tamerlan, par de Sainctyon. *Amst.*, 1678, in-12, v. (*Mouillures.*)

479. Les Aventures ou Mémoires de la vie d'Henriette-Sylvie de Molière (par d'Alègre). *A Amsterdam, chez Abraham L'Enclume, s. d.*, 6 part. en 1 vol. in-12, v. br.

480. La Vie de M. de Molière (par Grimarest). *Paris, J. Lefebvre*, 1705, in-12, joli portrait gravé par Audran d'après Mignard, v. gr. (*Rare.*)

481. La Vie du cardinal-duc de Richelieu (par Leclerc). *Cologne*, 1680, 2 vol. in-12, parch. — Mémoires de M. le comte de (Rochefort), contenant ce qui s'est passé sous le ministère du cardinal de Richelieu. *La Haye (à la Sphère)*, 1691, in-12, v. — Histoire du ministère du cardinal

Mazarin. *Cologne, Schouste*, 1668, in-12, v. (*Mouillures.*)

482. La Vie de Frédéric, baron de Trenck, écrite par lui-même. *Paris*, 1788, 2 vol. in-12, br. — Mémoires de Maximilien, duc de Wirtemberg, par F. P. *Amst.*, 1740, in-12, portr., v.

483. Vies des grands capitaines français du moyen âge, par Alex. Mazas. *Paris*, 1838, 4 vol. in-8, br. (*Rare.*)

484. Les Artisans illustres, biographie des ouvriers célèbres et des bienfaiteurs de l'industrie, par Edouard Foucaud. *Paris*, 1845, gr. in-8 illustré, br.

485. Les Contemporains, hommes de lettres, publicistes, etc., etc., par Eug. de Mirecourt. *Paris*, 1854-56, 5 vol. pet. in-18, portraits, br.

Balzac. — G. Sand. — Scribe. — Jules Janin. — Alfred de Musset. — Lamartine. — Victor Hugo. — Alfred de Vigny. — Théophile Gautier. — Félicien David. — Meyerbeer. — Rossini. — Béranger. — Pierre Dupont. — Frédéric Lemaître. — Rachel. — Déjazet. — Etc., etc.

Bibliographie.

486. Manuel du libraire et de l'amateur de livres, par J.-Ch. Brunet. 5e édition. *Paris, Didot*, 6 tomes en 12 part in-8, br., *avec la brochure complémentaire.*

487. Nouveau Manuel de bibliographie universelle, par MM. Ferd. Denis, P. Pinçon et de Martonne. *Paris, Roret*, 1857, gr. in-8, 706 pages de texte à 3 col., br.

488. Dictionnaire des ouvrages anonymes et pseudonymes, par Barbier. *Paris*, 1822-27, 4 vol. in-8, portr., br.

489. Dictionnaire critique, littéraire et bibliographique des principaux livres condamnés au feu, supprimés ou censurés, par G. Peignot. *Paris, Renouard*, 1806, 2 vol. in-8, bas. m.

10

490. Guide de l'amateur de livres à vignettes du XVIIIe siècle, par Henry Cohen. *Paris*, *Rouquette*, 1873, in-8, pap. vergé de Holl., frontisp. grav. à l'eau-forte par Chauvet, br.

491. Mémoires bibliographiques et littéraires, par Delandine. *Paris*, *s. d.*, in-8, dem.-rel.

Tiré à 500 exemplaires. Exemplaire de Collin de Plancy.

492. Recherches sur les bibliothèques anciennes et modernes, par Petit-Radel. *Paris*, 1819, in-8, pl., dem.-v. vert.

493. Catalogue descriptif et raisonné des manuscrits de la bibliothèque de Carpentras, par A. Lambert. *Carpentras*, 1862, 3 vol. in-8, br.

494. Anciens Catalogues de bibliothèques particulières. 4 vol. in-8, br.

Livres et estampes de M. de La Briffe. 1788. — Des 16,000 volumes de M. Henin. 1793. (*Prix manuscrits.*) — Livres rares et singuliers de M. Le Riche. 1791. — De M. de Querlon. 1781. — Bibliothèque scientifique de M. de Jussieu. 1857.

Collections. — Journaux.

495. ELZÉVIRS LATINS. 16 vol. pet. in-12, v. et parch.

Barclaii Argenis. — Paschalii. — Plinii secundi. — Corvinus. — Drexellius. — Virgilii. — Lucani. — Suetonii. — Val. Martialis. — Etc., etc.

496. EDITIONS CAZIN. 7 vol. in-16, v., fil.

Théâtre de Régnard. — Lettres d'Héloïse et d'Abeilard. — Voyage de Chapelle et Bachaumont. — Hymne au soleil, par de Reyrac. — Duclos : Considérations sur les mœurs.

497. Bibliothèque de poche, pub. par une société de gens de lettres. *Paris*, *Paulin*, 1845-55, 5 vol. in-12, br.

Curiosités bibliographiques littéraires. — Des Traditions, des Mœurs et des Légendes. — Biographiques. — Des Inventions et Découvertes.

498. La Boussole politique, administrative et littéraire. *Paris*, 1819, 24 numéros en 2 vol. in-8, dem.-bas.

499. A. DE LAMARTINE. Le Conseiller du peuple. *Paris*, années 1849 et 1850, et janv. à octobre 1851, br. et en livraisons. — Le Civilisateur, histoire de l'humanité par les grands hommes. *Paris,* années 1852, 1853 et 1854, br. et en livraisons.

500. Cours familier de littérature, par M. de Lamartine. Entretiens 1 à 122. *Paris*, 1856 (origine) à 1866, 90 livraisons in-8.

501. ETRENNES TOURQUENNOISES, OU RECUEIL DE CHANSONS FACÉTIEUSES ET PLAISANTES SUR LES TOURQUENNOIS, par feu F. Decottignies, dit Brûle-Maison, avec airs notés. *Lille, Vanackere, s. d.*, 9 cahiers réunis en 1 vol. in-32, mar. vert, tr. dor. (*Hardy*.)

Bel exemplaire.

502. Collection des Mémoires relatifs à la Révolution française, avec des notices sur leurs auteurs et des éclaircissements historiques, par Berville et Barrière. *Paris, Baudouin,* 1820-26, 56 vol. in-8, cart., n. rog.

1° Mémoires du marquis d'Argenson, 1 vol.
2° Mémoires de Bailly, 3 vol.
3° Mémoires de Barbaroux, 1 vol.
4° Mémoires du baron de Besenval, 2 vol.
5° Mémoires des marquises de Bonchamps et de La Rochejacquelein, 1 vol.
6° Mémoires du marquis de Bouillé, 2 vol.
7° Mémoires de Mme Campan, 3 vol.
8° Mémoires sur Carnot, 1 vol.
9° Journal de Cléry, etc., 1 vol.
10° Départ de Louis XVI, par de Choiseul, 1 vol.
11° Le vieux Cordelier, par Camille Desmoulins, 1 vol.
12° Mémoires du général Doppet, 1 vol.
13° Histoire de la Convention, par Durand de Maillane, 1 vol.
14° Catastrophe du duc d'Enghien, 1 vol.
15° Mémoires du marquis de Ferrières, 3 vol.
16° Mémoires sur la réaction du Midi, par Fréron, 1 vol.
17° Mémoires du duc de Gaëte, 2 vol. (rare).
18° Mémoires pour l'histoire de Lyon, par Guillon de Montléon, 2 vol.
19° Mémoires de Linguet, 1 vol.
20° Mémoires de Louvet, 1 vol.
21° Mémoires de Meillan, 1 vol.
22° Mémoires de d'Orléans, duc de Montpensier, 1 vol.
23° Mémoires de Rivarol, 1 vol.

24° Mémoires de Thibaudeau, 2 vol.
25° Mémoires du général Turreau sur la Vendée, 1 vol.
26° Mémoires de Weber sur Marie-Antoinette, 2 vol.
27° Mémoires sur les prisons, par Riouffe, d'Epinard, etc., 2 vol.
28° Mémoires sur les journées de septembre, 1 vol.
29° Mémoires sur l'affaire de Varennes, 1 vol.
30° Mémoires sur la Vendée, par Mme de Sapinaud, 1 vol.
31° Guerres de la Vendée et des Chouans, 6 vol.
32° Mémoires du baron de Goguelat sur la captivité du Temple, 1 vol.
33° Mémoires de Mme Rolland, 2 vol.
34° Mémoires de Dumouriez, 4 vol.

Cette collection sera divisée.

Paris. — Imprimerie Gauthier-Villars, 55, quai des Grands-Augustins.

ORDRE DES VACATIONS

1re *vacation, jeudi 5 avril* 1877.

Collection rabelaisienne	N^os	1 à 125
Théologie, sciences et arts......		126 à 178

2e *vacation, vendredi 6 avril* 1877.

Belles-lettres, histoire............	N^os.	179 à 231
Théologie, sciences et arts.......		232 à 288
Beaux-arts.....................		289 à 310
Belles-lettres		311 à 351

Au commencement de cette vacation, il sera vendu plusieurs lots de bons ouvrages.

3e *vacation, samedi 7 avril* 1877.

Belles-lettres..................	N^os	352 à 379
Histoire..........................		380 à 437
Polygraphes		438 à 452
Paris, provinces, etc............		453 à 502

A la fin de cette vacation, il sera vendu plusieurs lots de bons ouvrages.

Paris. — Imprimerie Gauthier-Villars, 55, quai des Grands-Augustins.

www.ingramcontent.com/pod-product-compliance
Ingram Content Group UK Ltd.
Pitfield, Milton Keynes, MK11 3LW, UK
UKHW021218230726
13926UKWH00003B/1091

9 782014 464078